『教行信証』からひもとく浄土真宗の教え

藤澤 信照

法藏館

はじめに

今日では、親鸞聖人《しんらんしょうにん》（一一七三～一二六三）や浄土真宗《じょうどしんしゅう》の教えに興味を持つ人であれば、誰でも親鸞聖人の主著である『教行信証《きょうぎょうしんしょう》』を読むことができます。それは、親鸞聖人の教えが浄土真宗という宗派にとどまらず、地域や時代の枠を超えて、あらゆる人に開かれたものであるということから考えれば、とても有意義なことと言えるでしょう。

『教行信証』に説かれた教えは、「廃悪修善《はいあくしゅぜん》」という従来の仏教の考え方をくつがえし、阿弥陀《あみだ》如来《にょらい》の本願力《ほんがんりき》をはからいなく受け入れるか（信）、それとも自力《じりき》のはからいをもって拒絶《きょぜつ》するか（疑）によって、迷い続けるかさとりに至《いた》るかが決まる、いわゆる「信疑決判《しんぎけっぱん》」という全く新しい仏教のあり方を示した教えでした。それは善悪・賢愚《けんぐ》を選ばず、在家《ざいけ》・出家《しゅっけ》、老若《ろうにゃく》・男女《なんにょ》を問わず、あらゆる人々をもらさず救うという教えであり、阿弥陀如来の救いのはたらきにおまかせするだけで、間違いなく阿弥陀仏《ぶつ》の浄土に生まれ、さとりの仏になることができるという教えなのです。ですから、私たちはただ阿弥陀如来のお救いにまかせ、「南無阿弥陀仏《なもあみだぶつ》」とお念仏《ねんぶつ》するだけでいいのです。親鸞聖人が「念仏成仏《じょうぶつ》これ真宗」とか「本願を信じ、念仏を申さば仏になる」とおっしゃっているとおり、これほどシンプルな教えはありません。

しかし浄土真宗の教えは、阿弥陀如来が「易行《いぎょう》の法」としての救いを完成された教えではありますが、私たちが常識をもって理解しようとすれば、親鸞聖人が『浄土和讃《わさん》』「大経讃《だいきょうさん》」に、

一代諸教《いちだいしょきょう》の信《しん》よりも
弘願《ぐがん》の信楽《しんぎょう》なほかたし
難中之難《なんちゅうしなん》とときたまひ
無過此難《むかしなん》とのべたまふ

（『註釈版聖典』五六八頁）

と言われているとおり、これほどの「難信の法」はありません。また、『歎異抄《たんにしょう》』に、

幸《さいわ》ひに有縁《うえん》の知識《ちしき》によらずは、いかでか易行の一門《いちもん》に入ることを得《え》んや。まつたく自見《じけん》の覚《かく》語《ご》をもつて、他力《たりき》の宗旨《しゅうし》を乱《みだ》ることなかれ。

（『註釈版聖典』八三一頁）

とあるように、自己流の勝手な解釈をすれば、かえって浄土真宗の教えを乱すことにもなりかねません。やはり、浄土真宗の教えを学ぶに際しては、よき師に遇《あ》い、ていねいな指導を受けることが大切であるということも事実なのです。

先般、本願寺出版社の油小路宗亮《あぶらのこうじそうりょう》氏の同意を得て、筆者が昭和五十六年に梯 實圓《かけはしじつえん》和上よりお聞かせいただいた「真宗要論」の講義録（口述筆記録）をもとに、月刊『大乗《だいじょう》』の令和三年四月

号より令和五年三月号まで、二十四回にわたって「教えて！　浄土真宗」というタイトルで連載《れんさい》するご縁をいただきました。月刊『大乗』に連載した「教えて！　浄土真宗」は「真宗要論」の講義録を基《もと》にしてはいますが、はじめて浄土真宗の教えを学ぶ人の便宜《べんぎ》を考慮《こうりょ》して、筆者があらたに語句の解説を加えているところや、「真宗要論」の講義を受けた後、長年にわたって梯和上よりご教授いただいたことを加味《かみ》しているところもあります。本書は月刊『大乗』の連載「教えて！　浄土真宗」を一つにまとめて、さらに加筆修正したものです。

ちなみに、梯和上は「真宗要論」を講義されるにあたって、いっさいテキストやノートを用いず、演台の横に立ちながらの口述筆記という形で講義してくださいました。梯和上の講義があった日は、復習を兼《か》ねてノートを清書《せいしょ》するということが筆者の日課でした。そして、一年間にわたる「真宗要論」の講義が終了する頃には、清書したノートが『真宗要論』という一冊のテキストとして仕上がっていました。現在、筆者は行信仏教学院《ぎょうしんぶっきょうがくいん》において、梯和上の講義録をテキストとして「真宗要論」の講義を担当させていただいています。いま「真宗要論」の講義を受けた当時を振り返ってみると、ノートなどをいっさい用いない口述筆記という形での講義にもかかわらず、きっちりと論理立ててご講義くださっていて、梯和上の博覧強記《はくらんきょうき》ぶりは驚くべきものであったことがわかります。

本書の基となっている、梯和上が講義された「真宗要論」の特徴と魅力をいくつか挙《あ》げると、一つには、親鸞聖人の宗教観、仏教観に立って「浄土真宗」という教えの位置づけをされているということ。二つには「浄土真宗」という教えをあらわされた『教行信証』のダイジェスト的内容になっているということ。三つには、「浄土真宗」という教えの特色である「現生正定聚《げんしょうしょうじょうじゅ》」を、真実信心の内実として明かされているということ。四つには、親鸞聖人の「三願転入《さんがんてんにゅう》」という回心《えしん》の構造を、三願真仮《しんけ》の救済論《きゅうさいろん》的意義から明かされているということ。五つには、念仏者の生き方に関わる「浄土真宗の倫理性《りんりせい》」という問題に取り組んでおられるということ、などがあります。

「教えて！　浄土真宗」の連載にあたっては、各号ごとにテーマを設定し、決められた文字数内におさまるように内容を咀嚼《そしゃく》し、何度も推敲《すいこう》を重ねて、なるべく読みやすく、理解しやすい表現になるように心がけました。本書はその連載をまとめて加筆修正したものではありますが、梯和上の講義そのものがとても奥深い内容ですから、はじめて浄土真宗の教えに触れるという方には、少々むずかしさを感じるところがあるかもしれません。そんなときは、はじめに戻《もど》ってまた読み直してみてください。繰り返して読んでいくうちに、梯和上がご講義くださっている浄土真宗の教えがいかに深いものであるかを、きっとご理解いただけると思います。本書をお読みくださった方が浄土真宗の教えの深さに触れ、さらに一歩進んで、親鸞聖人がお書きくださった『教行信証』を読んでみたい、と思っていただけたら幸甚《こうじん》に存じます。

最後になりましたが、月刊『大乗』に連載する機会をいただき、各号の入稿《にゅうこう》ぎりぎりまで校正作業を重ねてくださった本願寺出版社の油小路宗亮氏、そしてこの連載を書籍としてまとめていただき、『『教行信証』からひもとく浄土真宗の教え』として発刊する作業をしてくださった法藏館の榎屋達也氏に心より感謝申し上げます。

『教行信証』からひもとく浄土真宗の教え*目次

凡　例

一、本文は原則として新字、現代仮名遣いで統一したが、聖教等の引用文については用いた聖教のとおりに表記した。

一、本文中に多く用いている「あらわす」という語について、聖教の引用文の場合は文のとおりに「顕わす」等と表記し、その他については、「明らかにする」という意の場合は「あらわす」、書物を著述するという場合は「著す」、「表現する」という意の場合は「表す」、「すがたを現す」という場合は「現す」と表記した。また、「悟る」あるいは「悟り」については、「さとる」「さとり」と仮名表記にした。

一、聖教の引用や訓読は、原則として『浄土真宗聖典　註釈版』第二版、『浄土真宗聖典七祖篇註釈版』によった。

一、経典等の略称あるいは別称を併記する場合は、例えば『大無量寿経』（大経）と表記し、用語の略称あるいは説明の場合は、例えば「弘願（門）」「四無量心（大慈・大悲・大喜・大捨）」のように表記した。

一、聖教を引用した後に、書名の頁数を記しているが、その際、『浄土真宗聖典　註釈版』第二版は『註釈版聖典』、『浄土真宗聖典　七祖篇註釈版』は『註釈版聖典七祖篇』、『大正新脩大蔵経』は『大正大蔵経』と略称を用いた。

『教行信証』からひもとく浄土真宗の教え

第一章　「浄土真宗」という宗名があらわす意義

第一節　「浄土真宗」という宗名について

はじめに

浄土真宗《じょうどしんしゅう》の教えについて学ぶ第一歩として、まずはじめに親鸞聖人《しんらんしょうにん》が「浄土真宗」という宗《しゅう》名《みょう》によってあらわそうとされている意義をうかがってみようと思います。

一般の人々の中には、「浄土真宗」とは一つの宗派名である、と思っておられる方も多いのではないでしょうか。しかし、親鸞聖人が「浄土真宗」という名称を使われるときは、教法《きょうぼう》のことを指していました。親鸞聖人は『教行信証《きょうぎょうしんしょう》』において、自身の依《よ》りどころとする教えを「浄土真宗」と名づけておられるのですが、それは言い方を換《か》えると、「浄土真宗」とはどのような教義体系を持つ教えなのかを明らかにされたのが『教行信証』である、とも言えるのです。

そこで、親鸞聖人が「浄土真宗」という宗名をどのような意味として用いておられるかを、聖人の著書《ちょしょ》の上からうかがってみると、一つには「浄土宗の真実義《じょうどしゅうのしんじつぎ》」、二つには「浄土より顕《あらわ》れた真実の教え」、三つには「浄土を願わしめる真実の教え」という意があることがわかります。

浄土宗の真実義

まず「浄土宗の真実義」とは、親鸞聖人の師である法然《ほうねん》聖人（一一三三～一二一二）が開かれた「浄土宗」の真実義、という意味です。

『親鸞聖人御消息《ごしょうそく》』第一通に、

浄土宗のなかに真《しん》あり、仮《け》あり。真といふは選択本願《せんじゃくほんがん》なり、仮といふは定散二善《じょうさんにぜん》なり。選択本願は浄土真宗なり、定散二善は方便仮門《ほうべんけもん》なり。（『註釈版聖典』七三七頁）

とあります。

ここでいう「浄土宗」とは、いわゆる「浄土宗鎮西《ちんぜい》派」とか「浄土宗西山《せいざん》派」といった、宗派としての浄土宗のことではありません。浄土の教えは奈良時代や平安時代にもありましたが、法《ほっ》相《そう》宗や天台《てんだい》宗、あるいは真言《しんごん》宗など、いわゆる聖道諸宗《しょうどうしょしゅう》の教えの寓宗《ぐうしゅう》（片隅《かたすみ》の教え）と位置づけられ、一宗としては認められていませんでした。しかし、平安末期に出られた法然聖人は、長年の求道《ぐどう》の末、中国の善導大師《ぜんどうだいし》（六一三～六八一）が明らかにしてくださった浄土の教えに出遇《あ》い、『選択本願念仏集』を著《あらわ》して、「浄土宗」という一宗の立教開宗《りっきょうかいしゅう》を宣言されたのです。それは、阿弥陀仏の本願力によって浄土に往生《おうじょう》してさとりを開くという教えは、自力《じりき》の修行によって、煩悩《ぼんのう》を断じ、この土《ど》でさとりを開くことを目指す聖道門《しょうどうもん》とは、教えの構造が全く異なっていることを明らかにするためでした。

親鸞聖人はこれを承《う》けつつ、往生浄土の法門である「浄土宗」の中に、真実他力の教えと方便自力の教えがあることを見極《みきわ》められ、法然聖人が「浄土宗」と名づけられた教えとは、選択本願（第十八願）の教え、すなわち真実他力《たりき》の往生浄土の教えである、ということを明らかにするために、これに「真」の一字を加えて「浄土真宗」と名づけられたのです。

一般に、「浄土宗」と「浄土真宗」は異なった教えのように考えられていますが、『高僧和讃《こうそうわさん》』「源空讃《げんくうさん》」に、

智慧光《ちえこう》のちからより
本師源空《ほんしげんくう》あらはれて
浄土真宗をひらきつつ
選択本願のべたまふ

（『註釈版聖典』五九五頁）

とあるように、親鸞聖人にとって「浄土宗」と「浄土真宗」とは同じ教えのことでした。なお、このご和讃には、「浄土真宗」を開かれたのは源空（法然）聖人であると言われているのですが、このことの真意については、後にあらためてお話ししたいと思います。

浄土より顕れた真実の教え

次に、「浄土より顕れた真実の教え」とは、さとりの世界である浄土から、迷《まよ》いの世界にその徳が顕れた真実の教え、という意味です。

『教行信証』の「教文類《きょうもんるい》」に、

つつしんで浄土真宗を案《あん》ずるに、二種の回向《えこう》あり。一つには往相《おうそう》、二つには還相《げんそう》なり。往相の回向について真実の教行信証あり。（『註釈版聖典』一三五頁）

とあり、また『浄土文類聚鈔《もんるいじゅしょう》』には、

本願力《りき》の回向に二種の相あり。一つには往相、二つには還相なり。（『註釈版聖典』四七八頁）

とあります。この二つの文《もん》によれば、「浄土真宗」と「本願力回向」とは同じことを指していることがわかります。

「回向」という言葉にはいろいろな意味がありますが、ここでは「回転趣向《えてんしゅこう》」ということで、

「回施《えせ》」とも言います。すなわち、さとりの浄土の徳が、方向を転じて、迷いの世界にいる私たちに施《ほどこ》される、ということです。つまり、「浄土真宗」とは、その内容からいえば、浄土から回向されるものがらとして、往相（往生浄土の相＝往生成仏《じょうぶつ》の因果）・還相（還来穢国《げんらいえこく》の相＝衆生《しゅじょう》救済のはたらき）の二つがあるといわれるのです。この場合の「浄土」とは、真実の教・行・信・証を回施する根源なのです。先哲《せんてつ》はこのような「浄土真宗」という教えの一面を「正覚摂化門《しょうがくせつけもん》」と呼んでいます。

たとえていえば、蛇口《じゃぐち》の栓《せん》をひねると水が出るのは、水源地《すいげんち》から蛇口まで、もうすでに水が届いて、蛇口から出ようとしているからです。そのように、「南無阿弥陀仏《なもあみだぶつ》」というお念仏の声が、いま私の口から出ているということは、浄土の徳すべてが、「南無阿弥陀仏」という私を喚《よ》びたもう声となってこの身に届き、躍動《やくどう》しているということである、というのが親鸞聖人の念仏観であり、その根源としての浄土観なのです。その意味で、「浄土真宗」ということを一言《ひとこと》であらわせば「南無阿弥陀仏」である、とも言えるのです。

浄土を願わしめる真実の教え

また、「浄土を願わしめる真実の教え」とは、この教えを信受《しんじゅ》し、行《ぎょう》ずる者を、往生浄土を願う身に育てあげ、さとりに導く教え、という意味です。
『唯信鈔文意《ゆいしんしょうもんい》』には、

真実信心《しんじん》をうれば実報土《じっぽうど》に生《うま》るとをしへたまへるを、浄土真宗の正意《しょうい》とすとしるべしとなり。

（『註釈版聖典』七〇七頁）

とあります。「実報土」とは、阿弥陀仏の誓願《せいがん》に報《むく》いて完成された真実の浄土ということで、この浄土に往生すれば、ただちに仏のさとりを開くと言うのです。これを「往生即《そく》成仏」と言います。「真実信心をうれば」とは、「浄土より顕れた真実の教え」をはからないなく聞き入れ、必ず浄土に往生できると信知《しんち》し、念仏申す身となったならば、ということです。そして、この人はやがて浄土に往生せしめられ、仏のさとりを開かしめられるのである、ということをこの文はあらわしています。

この場合の「浄土」とは、そこに往生してさとりを開く世界、ということになります。先哲はこのような「浄土真宗」という教えの一面を「往生浄土門」と呼んでいます。

第二節　「浄土真宗」という教えの概要

『大無量寿経』に説かれた教え

次に、親鸞聖人が「浄土真宗」と名づけられた教えがどのような教えなのか、親鸞聖人のお言葉によって、その概要《がいよう》をお話ししたいと思います。

親鸞聖人は『教行信証』を著《あらわ》して、「浄土真宗」という教えを明らかにしていかれるのですが、各巻のはじめに「標挙《ひょうこ》」と言われる言葉で、その巻であらわそうとすることを端的《たんてき》に述べておられます。「教文類」の標挙には、

大無量寿経《だいむりょうじゅきょう》　真実の教《きょう》
　浄土真宗

（『註釈版聖典』一三四頁）

とありますから、親鸞聖人は『大無量寿経』（大経《だいきょう》）を「真実の教」とし、この経に説かれた教えを「浄土真宗」と名づけておられることがわかります。

それでは、親鸞聖人はなぜ『大無量寿経』の教えを「真実の教」と言われたのでしょうか。その意を「教文類」の本文には、

それ真実の教を顕さば、すなはち『大無量寿経』これなり。この経《きょう》の大意《たいい》は、弥陀《みだ》、誓《ちかい》を超《ちょう》発《ほっ》して、広《ひろ》く法蔵《ほうぞう》を開《ひら》きて、凡小《ぼんしょう》を哀《あわ》れんで選《えら》んで功徳《くど く》の宝《ほう》を施《せ》することを致《いた》す。釈迦《しゃか》、世《よ》に出興《しゅっこう》して、※道教《どうきょう》を※光闡《こうせん》して、群萌《ぐんもう》を拯《すく》ひ恵《めぐ》むに※真実の利《り》をもってせんと欲《おぼ》すなり。ここをもって如来の本願を説きて経の宗致《しゅうち》とす、すなはち仏の名号《みょうごう》をもって経の体《たい》とするなり。

（『註釈版聖典』一三五頁）

（※道教＝釈尊一代の教説、光闡＝広く説きのべること、真実の利＝阿弥陀仏の本願名号）

と言われています。お釈迦さまは常々「すべての人々にさとりへの道は開かれている」と説いておられました。ですから、お釈迦さまご一代の説法の中で、善悪・賢愚《けんぐ》のへだてなく一切衆生《しゅじょう》を救う「阿弥陀仏の本願名号のいわれ」を説く『大無量寿経』こそ、お釈迦さまがこの世におでましくださった本意の経であると言えます。それゆえ親鸞聖人は、この経を「真実の教」とされ、説かれた教えの内容から、この経の教えを「浄土真宗」と名づけられたのです。

「第十八願」の教え

親鸞聖人は『大無量寿経』に説かれた教えを「浄土真宗」と名づけられましたが、その要《かなめ》は阿弥陀仏の本願（四十八願《しじゅうはちがん》）を説くことにありました。「本願」とは仏になる前、つまり「菩薩であったときの誓願《せいがん》」のことです。

親鸞聖人の師である法然《ほうねん》聖人は、『選択本願念仏集《せんじゃくほんがんねんぶつしゅう》』本願章に、

しかればすなはち弥陀如来、法蔵比丘《ほうぞうびく》の昔平等《びょうどう》の慈悲《じひ》に催《もよお》されて、あまねく一切を摂《せっ》せんがために、造像起塔《ぞうぞうきとう》等の諸行《しょぎょう》をもつて往生の本願となしたまはず。ただ称名念仏一行《いちぎょう》をもつてその本願となしたまへり。

（『註釈版聖典七祖篇』一二〇九～一二一〇頁）

と言われています。すなわち法然聖人は、第十八願こそが四十八願の「根本の願」であるという意味でこれを「本願」とし、念仏一行を選び取られていることから「念仏往生の願」と名づけ、また「選択本願」と名づけられたのです。

親鸞聖人はこの意を承《う》けて『親鸞聖人御消息《ごしょうそく》』第一通に、

選択本願は浄土真宗なり、

（『註釈版聖典』七三七頁）

と示されたのです。先に、親鸞聖人は『大無量寿経』の教えのことを「浄土真宗」と名づけられたと言いましたが、その教えの要は第十八願であり、そこにこの経の教えのすべてが集約されていますから、選択本願（第十八願）に誓われたこともまた「浄土真宗」と言われたのです。

「念仏成仏」という教え

それでは、第十八願にはどのようなことが誓われているのでしょうか。法然聖人は、第十八願には「ただ念仏一行をもって往生の行とする」と誓われているとご覧になって、この願を「念仏往生の願」と名づけられました。親鸞聖人もこの意を承けて、『浄土和讃』「大経讃《さん》」に、

念仏成仏これ真宗
万行《まんぎょう》諸善《しょぜん》これ仮門《けもん》
権実真仮《ごんじつしんけ》をわかずして
自然《じねん》の浄土をえぞしらぬ

（『註釈版聖典』五六九頁）

と言われています。すなわち、「浄土真宗」とは簡略に言えば「念仏成仏」、すなわち「念仏を申さば仏に成る」という往生成仏の因果を説く教えであると言われたのです。

なお、法然聖人は「往生大要抄《たいようしょう》」に、

心《こころ》に往生せんとおもひて、口《くち》に南無阿弥陀仏ととなえば、こゑについて決定《けつじょう》往生のおもひをなすべし。

（『浄土真宗聖典全書』六、四三二頁）

と言われていますから、法然聖人が明らかにされた念仏とは「心に必ず往生できると信じて、口に南無阿弥陀仏と称《とな》えること」であることがわかります。

親鸞聖人はこの意を承けて、「浄土真宗」とは「本願を信じ念仏を申《もう》さば仏に成《な》る」という教えであると受け取られたのです。親鸞聖人の弟子・唯円房が著したと言われる『歎異抄』の第十二条に、

他力真実のむねをあかせるもろもろの正教《しょうぎょう》は、本願を信じ念仏を申さば仏に成る。そのほか、なにの学問《がくもん》かは往生の要《よう》なるべきや。

（『註釈版聖典』八三九頁）

とありますから、唯円房は親鸞聖人から「浄土真宗」の要をしっかりと聞き受けていたことがうかがわれます。

なお、「そのほか、なにの学問かは往生の要なるべきや」と言われているように、浄土真宗の教えを学ぶと言っても、「本願を信じ念仏を申さば仏に成る」という教えを、はからいなく聞き受けるほかはない、ということを心しておかねばなりません。

「二回向四法」という体系を持つ教え

さらに親鸞聖人は、法然聖人が「念仏は行者《ぎょうじゃ》がことさらに回向する必要のない不回向《ふえこう》の行である」と言われていたことや、「信心は如来よりたまわりたるものである」と言われたことを根拠に、天親《てんじん》菩薩（三〇〇～四〇〇頃）や曇鸞《どんらん》大師（四七六～五四二）の教えを通して、この教えが「本

願力回向」という救済体系を持つ教えであることを明らかにしていかれました。

前にも挙げましたが、親鸞聖人は『教行信証』「教文類」のはじめに、

> つつしんで浄土真宗を案ずるに、二種の回向あり。一つには往相、二つには還相なり。往相の回向について真実の教行信証あり。（『註釈版聖典』一三五頁）

と言われ、また『浄土文類聚鈔』には、

> 本願力の回向に二種の相あり。一つには往相、二つには還相なり。（『註釈版聖典』四七八頁）

と言われています。これらの二つの言葉によって、「浄土真宗」とは、往相（往生浄土の相＝自利《じり》）の教・行・信・証という四法《しほう》と、還相（還来穢国の相＝利他《りた》）との二つの回向法からなる、二回向四法という救済体系を持つ「本願力回向」の教えであることを明らかにされたのです。

本願力回向ということ

ところで、「浄土真宗」という教えが「本願力回向」という救済体系を持つ教えであるとは、どういうことなのでしょうか。この節の最後に、そのことを簡略にお話しいたします。

まず、「本願」とはもともと「因本《いんぽん》の願」、すなわち「阿弥陀仏が因位《いんに》（因の位＝菩薩）の法蔵菩薩であったときに発《おこ》された願い」ということで、四十八願すべてを指していました。さらに、四

十八願の要は第十八願であり、これを「根本の願」とするという意味で、第十八願もまた「本願」と呼ぶのです。いま「本願力回向」と言うときの「本願」とは、四十八願すべてを一つにおさめた第十八願のことを指しています。すなわち、法蔵菩薩が「あらゆる人々に、わが救いを信じさせ、わが名を称《とな》えさせて、浄土に生まれさせよう」と誓い願われたことを「本願」と言うのです。

この願いが完成して阿弥陀仏になられて以来、阿弥陀仏は因位の誓願のままに、「南無阿弥陀仏」という喚び声となって、あらゆる人々に自らの救いを信じさせ、念仏申す身に育てあげて、浄土に生まれさせるという救済活動を行っておられます。その救済活動を「本願力」と言うのです。そして、「南無阿弥陀仏」という名号は、往生成仏の因となり果となるように、衆生に回施（回向）されていますから、これを「本願力回向」と言われたのです。

すなわち、「浄土真宗」という教えは、私の方から、自らの善根功徳を阿弥陀仏にふり向けたり、助けてくださいとお願いすることなど少しも必要なく、ただ阿弥陀仏のお救いをほれぼれと仰《あお》ぎ、必ず往生できると信じて念仏申す者は、今この土で仏さまの救いの光につつまれ、臨終には必ず浄土に往生して、さとりの仏となり、自在に人々を救うことのできる身となる、という教えだったのです。

ちなみに、親鸞聖人には一宗を打ち立てようという意識はなく、ひたすら法然聖人の「念仏往生」という教えの真実義を明らかにすることにその生涯をかけられたのですが、結果として「本願力回向」という独創的な思想を確立されるなど、一宗の開祖《かいそ》としての条件を備えられましたので、親鸞聖人を浄土真宗の開祖と仰ぐのです。その意味で、「浄土真宗」という教えは法然聖人と親鸞聖人というお二人の宗教的天才による合作と言っても過言ではありません。

第二章　親鸞聖人の宗教観

第一節　はじめに

法然《ほうねん》聖人や親鸞聖人は、仏教という教えの受け止め方の違いがもとで、その当時の奈良や比叡《ひえい》山《ざん》の仏教教団から非難されたばかりか、承元《じょうげん》の法難《ほうなん》という厳《きび》しい宗教弾圧《しゅうきょうだんあつ》を受け、遠流《おんる》（遠方に追放されること）の罪に処《しょ》されました。しかし、親鸞聖人は弾圧した人をただ批判するのではなく、かえって弾圧した人たちをもその中に包《つつ》み込《こ》み、一つに溶《と》け合うことのできる思想体系を確立していかれたのです。そしてそれは、法然聖人の説かれた選択《せんじゃく》本願念仏のみ教えを聞きながら、自力のはからいによって誤解している人たちをも、真実の教えに導いていくことのできるものでした。

親鸞聖人が『教行信証《きょうぎょうしんしょう》』後序《ごじょ》の結びに、

もしこの書《しょ》を見聞《けんもん》せんもの、信順《しんじゅん》を因《いん》とし、疑謗《ぎほう》を縁《えん》として、信楽《しんぎょう》を願力《がんりき》に彰《あらわ》し、妙果《みょうか》を安《あん》養《にょう》に顕《あらわ》さんと。

（『註釈版聖典』四七三頁）

と言われたとき、その言葉には、あらゆる人々が、本願力の回向《えこう》（浄土真宗）によって安養《あんにょう》の浄土に生まれ、まことのさとりを開くことができるようにと願う、親鸞聖人の切なる思いがこめられていました。

親鸞聖人がこれほどの思いをもって、『教行信証』という書物を著《あらわ》し、浄土真宗こそ真実の教えであるということを明らかにされるとき、その教えの真実性は、どんなところにあると言われているのでしょうか。またそのとき親鸞聖人は、浄土真宗以外の教えを、どのような教えとして位置づけておられるのでしょうか。親鸞聖人の教えを学ぶ者にとって、このことは、けっしておろそかにできない、とても大切な問題ではないかと思うのです。

第二節　仏教の特徴（三法印）

そこで、仏教とはどのような教えなのか、ということから話を始めたいと思います。仏教には教えの特徴をあらわす「三法印《さんぼういん》」というものがあります。「法印《ほういん》」とは「法（教え）の旗印《はたじるし》」ということで、次に示す三つのことを説く教えが仏教であるということから、これを「三法印」と呼び習わしています。一つには「諸行無常《しょぎょうむじょう》」、二つには「諸法無我《しょほうむが》」、三つには「涅槃寂静《ねはんじゃくじょう》」です。

一つめの「諸行無常」の「行」は「サンスカーラ」の訳語で、「因縁《いんねん》によって形作《かたちづく》られたもの」ということですから、「諸行無常」とは「因縁によって形作られたすべてのものは、つねに変化し続けて、とどまることはない」ということを表しています。ちなみに、お釈迦さまの最後の説法も「あらゆるものは移り変わる。たゆまず努《つと》め励《はげ》めよ」という言葉であったと伝えられています。

二つめの「諸法無我」の「法」は「行」よりも広い概念で、「あらゆる存在」という意味であり、「我」とは「梵我一如《ぼんがいちにょ》」を理想とするインドの哲学で重視する「アートマン」のことで、その特徴は「常《じょう》（変化することがないもの）・一《いつ》（ただ一つで独立しているもの）・主宰《しゅさい》（他のものをつかさどる中心的なもの）」ということです。しかし、仏教では「あらゆる存在は因縁によって生《しょう》じている」と考えますから、「我（アートマン）」という存在を否定します。したがって「あらゆる存在は我でない」と説き、これを「諸法無我」と言います。この教えは、これこそ仏教の根本原理である、といっても過言ではない重要な教えなのです。

三つめの「涅槃寂静」の「涅槃」は「ニルヴァーナ」の音訳で、「（煩悩《ぼんのう》の）炎《ほのお》が吹き消された状態」を表します。仏教では「苦しみの原因となるのは煩悩（身心をわずらわす執着《しゅうじゃく》）である」と説きます。その中核は、とめどなき欲求（貪欲《とんよく》）と、暴走する怒り《いか》（瞋恚《しんに》）と、真実を知らない愚《おろ》かさ（愚痴《ぐち》）であり、これを「三毒《さんどく》の煩悩」と呼び習わしています。そして、真理に目覚めた智《ち》慧《え》によって、煩悩の炎が吹き消された状態を「涅槃」と言うのです。仏教では「涅槃こそが静かな安らぎであり、本当に願い求めるべき境地である」と説き、これを「涅槃寂静」と言います。

第三節　親鸞聖人の宗教観（真仮偽判）

宗教の三分類

すでにお話ししたとおり、親鸞聖人は『大無量寿経《だいむりょうじゅきょう》』（大経《だいきょう》）の教説を「真実の教え」（真実の宗教）とされていますが、その「真実」とは、「真実でないもの」に対して用いられた言葉でした。『教行信証』六巻のうち、「真実の教え」をあらわされたのが真実五巻（教・行・信・証・真仏土《しんぶつど》）であり、「真実でない教え（真実でない宗教）」をあらわされたのが「化身土文類《けしんどもんるい》」です。「化身土文類」には、「真実でない宗教」に、二種類があると言われています。一つには「方便の宗教」であり、二つには「邪偽《じゃぎ》の宗教」です。「方便の宗教」とは、『観無量寿経《かんむりょうじゅきょう》』（観経《かんぎょう》）や

『阿弥陀経《あみだきょう》』（小経《しょうきょう》）に説かれた浄土門内の自力の教えと、聖道門《しょうどうもん》の教えであると言われています。また「邪偽の宗教」とは、真実に背を向け、自己の欲望を満たすことを求める、仏教以外の教えのことです。ただし、キリスト教やイスラム教のような、いわゆる世界宗教は、この「邪偽の宗教」の中には入っていません。

　このように、親鸞聖人が宗教を真実（真《しん》）と方便（仮《け》）と邪偽（偽《ぎ》）に判別されたことを、「真仮偽判《はん》」と呼び習わしています。

〈二分類〉　〈三分類〉

- 真実の宗教 ―― 真実の宗教 ―― 『大経』の教え（浄土門内の教え）
- 真実でない宗教
  - 方便の宗教
    - 『観経』の教え（浄土門内の教え）
    - 『小経』の教え（浄土門内の教え）
    - 聖道門の教え
  - 邪偽の宗教 ―― 仏教以外の教え

真実の宗教（智慧から出た慈悲の教え）

先に述べたように、仏教では「無我」を説きますが、言葉を換《か》えれば、それは「縁起《えんぎ》」ということになります。「縁起」とは「縁《よ》って起《お》こる」ということで、「あらゆる存在は、時間的にも空間的にも、さまざまな関係性、結びつきによって生じている」ということです。「縁起を知る者は法を知る。法を知る者は縁起を知る」と言われるように、縁起こそ仏教の説く真実の理法なのです。

「縁起」を知る「智慧《ちえ》」とは、「自他一如《じたいちにょ》」とさとることであり、「自他一如」とさとる「智慧」は、「好きか嫌いか」「損か得か」というように、自己を中心とした価値観によってものごとを分けへだてする「分別《ふんべつ》的な知恵」ではありませんから、これを「無分別智《むふんべっち》」と言います。そして、自他一如をさとる無分別智は、必ず「すべての人々を救済《きゅうさい》して、安らかなさとりの境地に入らしめよう」という慈悲《じひ》の行動となって現れます。

「真実の宗教」とは、「自他一如」とさとる「無分別智」（智慧）から必然的に出てくる「無分別後得智《ごとくち》」（慈悲）の、具体的表現であるような「本願」のことである、と親鸞聖人はご覧になりました。このような「本願」のいわれを説き明かした経典が『大経』ですから、親鸞聖人は『大経』の教えを「真実の宗教」と言われたのです。

方便の宗教（真実に導く教え）

先にお話ししたように、親鸞聖人は「真実でない宗教」を、「方便の宗教」と「邪偽の宗教」とに判別されました。それは、「邪義の宗教」が真実に背を向けた教えであるのに対して、「真実でない宗教」の中に、真実ではないものを真実に向かわせ、真実に近づけようとする教えがある、とご覧になったからです。これを「方便の宗教」とされました。「方便」とは「ウパーヤ」の訳語で、「ある目標に向かって近づくこと」を意味する言葉でした。その「方便」にはおよそ次の三つの意味があります。

一つには、仏が大悲をもって迷える衆生《しゅじょう》に近づき、衆生を喚《よ》び覚《さ》まして救う、という大悲の活動を「方便」と言う場合で、これを「善巧方便《ぜんぎょう》」と言います。阿弥陀仏を「方便法身《ほっしん》」と言うときの「方便」はこの意です。

二つには、衆生が修行《しゅぎょう》によって、一歩一歩さとりに近づいていくことを「方便」と言う場合で、これを「修行方便」と言います。つまり、修行のことを「方便」と言うときはこの意です。

三つには、仏が説こうとされる真実の教えを、ただちに受け入れられない未熟《みじゅく》の機のために、教育的手段として、まず程度の低い教えを説き、次第に真実の教えに近づけていくことを「方便」と言う場合で、これを「権仮《ごんけ》方便」と言います。

いま、「方便の宗教」と言うときの「方便」とは、三つめの「権仮方便」のことです。真実の教えである『大経』の教説を、ただちに受け入れられない未熟の機を真実の教えに導くために、しばらく教育的手段として用いる教えのことを、「方便の宗教」と言うのです。親鸞聖人は、聖道門の教えと、浄土門の中の自力の教えを、「方便の宗教」とされました。

邪偽の宗教（真実に背く教え）

最後に「邪偽の宗教」とは、「邪」とは「よこしま」、「偽」とは「いつわり」という意味ですから、「邪偽の宗教」とは真実に背を向けた、いつわりの教えのことです。

この教えは、煩悩を肯定し、自らの欲望を満たすために祭祀《さいし》を行い、呪術《じゅじゅつ》をなし、卜占《ぼくせん》を行うといった宗教行事を行うものですから、「邪偽の宗教」と言われたのです。親鸞聖人は、インドの諸宗教（六師外道《ろくしげどう》や六十二見《けん》九十五種の邪道）や、中国の道教、日本の土俗的信仰（神道《しんとう》など）、それらをすべて「邪偽の宗教」とされています。

こうして親鸞聖人は、「邪偽」の教えによって煩悩に狂《くる》わされている者を仏教内の「方便」の教えに導き、さらに「方便」の教えから「真実」の教えへと導いていく、という救済体系《たいけい》を持っているのが仏教である、とご覧になっているのです。

第三章　親鸞聖人の仏教観（二双四重判）

第一節　二双四重判の背景

法然聖人が説かれた「廃立」という教えの弱点

法然聖人《ほうねんしょうにん》が「浄土宗《じょうどしゅう》」と名づけられた「選択本願念仏《せんじゃくほんがんねんぶつ》」の教えは、善人も悪人もただ念仏一つで平等に救われるという教えでした。そして、それは聖道門《しょうどうもん》を捨てて浄土門に帰し、諸行《しょぎょう》を捨てて念仏に帰すという「廃立《はいりゅう》」によって、決定《けつじょう》往生の信が成立する教えでもありました。

ですから、万善《まんぜん》諸行を修し、一切の煩悩を断《た》ち切ってこそ、さとりは完成すると考える聖道門の人々からすれば、法然聖人の教えは到底許《とうていゆる》しがたいものに思われたのです。実際に、法然聖人の教団は旧来の仏教教団から激《はげ》しい非難《ひなん》を受け、承元《じょうげん》の法難《ほうなん》をはじめ、厳《きび》しい弾圧《だんあつ》を繰《く》り返し受けることになり、教団存続《そんぞく》の危機《きき》に追い込まれていくのでした。

そのような状況にあって、法然聖人の教えを仏教全体の中に位置づけ、見事にこの危機を救われたのが親鸞聖人の「二双四重判《にそうしじゅう》」という教判《きょうはん》でした。次に、親鸞聖人の教判がどのようにして成立したかを詳しく解説したいと思います。

法然聖人門下の対応（諸行の位置づけ）

はじめに言いましたように、法然聖人の教えは、「廃立《はいりゅう》」という二分類法によって、大胆《だいたん》にもお釈迦さまが成仏道《じょうぶつどう》として説かれた諸行さえも捨てものとするのですから、たしかに過激《かげき》な一面を持っていました。ですから、聖道門の人々によって誤解されたり、弾圧を受けることがないように、法然聖人の教えの中に諸行をどう位置づけるかということは、法然聖人門下にとって避けることのできない課題でした。そこで、念仏と諸行の関係について、さまざまに解釈されることになったのです。

ある人は、第十八願には念仏、第十九願《く》には諸行と、どちらも阿弥陀仏の本願（この場合は四十八願を指す）に誓われている行《ぎょう》であるから、念仏のみを取って諸行は捨てるというのではない。

ただ、凡夫《ぼんぶ》にふさわしい行は念仏だというのである、と解釈しました。

ある人は、往生決定の業因《ごういん》は本願（この場合は第十八願を指す）に誓われた称名《しょうみょう》念仏であるが、諸行を修することも念仏相続の助縁《じょえん》となる、と解釈しました。

またある人は、念仏は万善諸行の徳がおさめられたものであるから、諸行を修していれば、やがて正定業《しょうじょうごう》である念仏一行に帰して、往生が決定するのである、と解釈しました。

親鸞聖人の教えの特徴（廃立から方便へ）

どの解釈の仕方も、それぞれに一理があるように思われます。しかし、こうした考え方は、聖道門の非難を避《さ》けることはできても、法然聖人が明らかにされた、阿弥陀仏の本願力によって凡夫が浄土に往生するという、本来の浄土教の立場を見失《みうしな》ってしまう可能性がありました。

法然聖人の教えが、凡夫のための真実《まこと》の成仏道であることを明らかにするためには、やはり、諸行を廃して念仏を立てる「廃立《はいりゅう》」の立場を保《たも》ちながら、しかもお釈迦さまが諸行を説かれたお心をも説明し得る解釈をしなければならなかったのです。

その課題を解決するヒントとなったのが、『観無量寿経《かんむりょうじゅきょう》』（観経《かんぎょう》）付属《ふぞく》の文《もん》でした。『観経』には経題《きょうだい》からもわかるように、経文《きょうもん》全体を通じて、定善《じょうぜん》十三観《かん》および散善三福九品《さんぜんさんぷくくぼん》という定散二善《じょうさんにぜん》が説かれています。ところが、経典の要《かなめ》を後の人々に付属する一段では、定散二善ではなく、ただ念仏一行《いちぎょう》のみが説かれているのです。善導大師《ぜんどうだいし》はこのような『観経』の説き方に注目し、『観経』は、私たちが定散自力の諸行をなし得ない凡夫であることを知らせて、ただ念仏一行をもって浄土に往生せしめようという、阿弥陀仏の大悲の心を説かれた経典であることを明らかにされました。

法然聖人はこのような善導大師の意を承《う》けて、『選択集《せんじゃくしゅう》』付属章に、

まさに知るべし、随他《ずいた》の前《さき》にはしばらく定散《じょうさん》の門《もん》を開《ひら》くといへども、随自《ずいじ》の後《のち》には還《かえ》りて定《じょう》散《さん》の門を閉《と》づ。一《ひと》たび開きて以後《のち》永《なが》く閉《と》ぢざるは、ただこれ念仏の一門《いちもん》なり。弥陀《みだ》の本願、釈尊《しゃくそん》の付属、意《こころ》これにあり。

（『註釈版聖典七祖篇』一二七三～一二七四頁）

と言われたのです。お釈迦さまは、相手の意にかなうように暫《しばら》く「随他意」の方便説として、定散二善を用いられたけれども、本意である「随自意」真実の念仏行を説くときには、定散二善は還《かえ》って捨てられる「暫用還廃《ざんゆうげんぱい》」の行である。ひとたび説かれたならば、その後は、けっして捨てられることがないのは、ただ念仏一行であるというのです。

親鸞聖人はこの文によって、諸行は仏が未熟な機のために説かれた「暫用還廃」の方便の教えであり、念仏こそが真実の教えであると解釈されました。そして、このような仏教観によって立てられたのが「二双四重判」という教判でした。

教判（教相判釈）とは

ところで、お釈迦さまはさとりを開かれてから涅槃《ねはん》に入られるまでの四十五年間に、相手に応じて、さまざまな教えを説かれました。これが経典にまとめられて中国に伝わると、どの経典がお釈迦さまの本意を伝える真実の教えなのか、ということが問題になりました。

そこで、天台宗《てんだい》を開いた天台大師智顗《ちぎ》（五三八〜五九七）は、お釈迦さまが説かれた教えを、説かれた時期によって五つの時に区分し、最後に説かれた『法華経』こそが真実の教えであり、それ以前に説かれた教えは真実に導くための方便の教えであるとする仏教観によって、「五時八教判」を立てられました。また、華厳宗《けごん》を開いた賢首《げんじゅ》大師法蔵《ほうぞう》（六四三〜七一二）は、お釈迦さまがおさとりを開かれて、ただちに説かれた『華厳経』こそ真実の教えであるとする仏教観によって、「五教十宗判」を立てられました。そのほか、各宗の祖師方は、それぞれの仏教観によって独自の教判を立てられたのです。

これらに対して親鸞聖人は、すべての者をすみやかに仏のさとりに導く教えを説く『大無量寿経』（大経）こそ、真実の教えであるとする仏教観によって、「二双四重判」を立てられたのです。

第二節　二双四重判

聖道門と浄土門の分判

親鸞聖人の「二双四重判」は、浄土真宗の七高僧の伝統を承《う》けられたものでした。

まず、龍樹菩薩《りゅうじゅぼさつ》（一五〇～二五〇頃）はさとりに至る道を、「難行道《なんぎょうどう》」と「易行道《いぎょうどう》」とに分けられ、曇鸞《どんらん》大師はそれを承けて、難行道とは「自力《じりき》」をもってさとりを完成しようとするものであり、易行道とは阿弥陀仏の「本願他力《たりき》」によって浄土に往生せしめられ、さとりを完成せしめられる道であるとされました。

さらに道綽禅師《どうしゃくぜんじ》（五六二～六四五）はこれらを承けて、自力をもって諸々《もろもろ》の行を実践し、この土《ど》でさとりを完成しようとする難行《なんぎょう》の法門を「聖道門」と名づけ、本願他力を信じて、称名念仏の一行を行じ、浄土に生まれてさとりを完成しようとする易行の法門を「浄土門」と名づけられました。

法然聖人はこれらの伝統を承けて、仏教を「聖道門」と「浄土門」に分判《ぶんぱん》し、聖道門を捨てて、浄土門に帰すべきであることを明らかにされました。

頓教と漸教の分判

一方、善導《ぜんどう》大師は、仏教の中に「頓教《とんぎょう》」と「漸教《ぜんぎょう》」があると言われていました。「頓教」とは、すみやかにさとりを完成することができる教えということで、「漸教」とは、無量永劫《ようごう》の時間をかけて、次第にさとりを完成していくことを説く教えのことです。そして、浄土三部経の教えは頓教、それ以外の諸経《しょきょう》の法門は漸教であると言われています。

また、善導大師は浄土教の中で、自力の諸行をもって浄土に往生しようとする法門を「要門《ようもん》」と名づけ、本願念仏の一行をもって浄土に救われていく法門を「弘願《ぐがん》」と名づけ、弘願の法門のことを「横超《おうちょう》」と言われています。

なお、『楽邦文類《らくほうもんるい》』に引かれた宋《そう》の択瑛《ちゃくえい》（一〇四五～一〇九九）の言葉によれば、仏教を「竪出《しゅしゅつ》」と「横出《おうしゅつ》」に分け、浄土の教えを「横出」とし、それ以外の仏教を「竪出」としています。

横竪と超出の組み合せ

これらを融合して、一つには仏教を「横」と「竪」に分け、二つには「超」と「出」に分け、二つの分類を組み合わせて組織されたのが親鸞聖人の「二双四重判」です。

- 竪
  - 竪出…聖道門内の権教（小乗・法相宗・三論宗）
  - 竪超…聖道門内の実教（華厳・天台・真言・禅宗）
- 横
  - 横出…浄土門内の権教（観経要門・小経真門）
  - 横超…浄土門内の実教（大経弘願＝浄土真宗）

まず、親鸞聖人は択瑛の言葉によって、仏教を「竪」の法門（難行道・自力・聖道門）と「横」の法門（易行道・他力・浄土門）に分類されました。「竪（たてざま）」という言葉は、自力をもって煩悩を断じ、真理をさとる自力断証《だんしょう》の法門を表すのに親《した》しいから、聖道門の代《か》え名《な》とされたのです。

それに対して、「横（よこざま）」とは、煩悩具足の凡夫が、凡夫のまま阿弥陀仏の本願他力によってさとりの浄土に入らしめられるという状況を表すのに親しいから、浄土門の代え名とされ

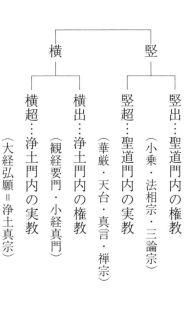

たのです。

さらに、「竪出」と「竪超」とを分類されたのは、聖道門の中に「漸教」と「頓教」があるからです。聖道門の漸教とは、小乗《しょうじょう》仏教と、大乗仏教の中の法相宗《ほっそう》や三論宗《さんろん》のことでした。これらは、いずれも無量永劫の修行によって生死《しょうじ》を離れることを説くので「竪出」とされました。それに対して、聖道門の中でも実《じつ》大乗と呼ばれる、華厳《けごん》・天台・真言《しんごん》・禅宗《ぜんしゅう》などは、「一念頓悟《とんご》」「即身《そくしん》成仏」を説き、すみやかに生死《しょうじ》を超越《ちょうえつ》してさとりを開くと説きますから、「竪超」とされたのです。

また、「横出」と「横超」を分類されたのは、浄土門の中に「漸教」と「頓教」があるからです。善導大師は「要弘《ようぐ》二門《にもん》」を立て、自力の諸行をもって浄土に生まれようとはからう「要門《ようもん》」は、たとえ浄土に往生しても、すぐにさとりを開くことができず、自力の罪の深さを知り、他力に帰する回心《えしん》を通して、はじめてさとりを開くことができるとされました。このように、要門は遠回りをしてようやくさとりが開ける浄土門中の漸教であるから、「横出」とされたのです。

これに対して「弘願《ぐがん》」とは、阿弥陀仏の本願力によって、名号《みょうごう》を信受《しんじゅ》するとき、すみやかに往生成仏の因《いん》が円満し、臨終一念のときには、ただちに生死を超越してさとりを開きますから、頓教中の頓教ということで、これを「横超」とされたのです。

二権二実から三権一実へ

二双四重判は、聖道門と浄土門の、どちらにも実教《じっきょう》と権教《ごんきょう》があるとする「二権二実《にごんにじつ》」という立場を当分《とうぶん》とします。聖道門の実教も浄土門の実教も、教理《きょうり》の面から見ると、すみやかに仏になることができる教え（頓教）だからです。

しかし、実践面から見直したとき、聖道門の実教は、いずれも無量永劫の修行によって仏果《ぶっか》に至るとしていますから、事実上は漸教とならざるをえません。それに対して、阿弥陀仏の本願力による成仏を説く「横超」の法門は、凡夫が「南無阿弥陀仏」の本願の名号を信受する即座に仏《ぶっ》因《いん》円満し、臨終一念の夕《ゆう》べに仏果をきわめるという教えです。したがって、究極的には、頓教中の頓教は、ただ「横超」の一門のみと言わねばなりません。こうして、すべての仏教をその実践面から見直すとき、「横超」のみが真実教であり、他はすべて方便権教であるということになります。これを「三権一実《さんごんいちじつ》」の立場と言います。

なお、すべての人をさとりに導く教えのことを「一乗《いちじょう》」と言いますが、「横超」の法門は、阿弥陀仏の本願力によって、善悪・賢愚《けんぐ》のへだてなく、すべての人をもらさず救いとり、仏にしていくことのできる教えですから、この教えこそ真の「一乗」の仏教であるといえます。親鸞聖人は、このような「横超」（弘願）の教えを「誓願一仏乗《せいがんいちぶつじょう》」と呼ばれたのです。

第四章　三願真仮と三願転入

第一節　親鸞聖人の回心

会読論題「三願転入」のご判決

毎年五月に開催されている行信教校《ぎょうしんきょうこう》の専精舎夏講《せんしょうしゃげこう》で、平成二十三年の会読《かいどく》（問答形式の勉強方法）の論題として「三願転入《さんがんてんにゅう》」が取り上げられたことがありました。事前の講義でいくつかの説を取り上げ、研鑽《けんさん》を重ねた上で、三日間にわたる会読を行いました。そして最後に、本講講師であった梯 實圓和上《かけはしじつえんわじょう》から論題のまとめとして、いわゆる「ご判決」をいただいたときのことです。梯和上は開口一番、「三願転入と宿善論《しゅくぜんろん》は、別の問題として考えるべきです」とおっしゃったのです。本当に驚きました。

というのは、「三願転入」とは、第十九《く》願（諸行往生）から第二十願（自力念仏往生）を経《へ》て、第十八願（他力念仏往生）の法門へと進んでいくプロセスが語られたもので、真実である第十八願に帰するためには、第十九願、第二十願という自力方便《ほうべん》の法門を通る必要があるかどうか、ということを論義する論題だと思っていたからです。実際、事前の講義で取り上げた先哲《せんてつ》方の説は、ほとんど、「自力の宿善は必要か否か」について論じたものでした。

梯和上は、それらの説に対して「三願転入」の文《もん》は、親鸞聖人《しんらんしょうにん》が「三願真仮《しんけ》」という思想を確立した上で、『教行信証《きょうぎょうしんしょう》』後序《ごじょ》に、「雑行《ぞうぎょう》を棄《す》てて本願に帰《き》す」と述懐《じゅっかい》された、ご自身の二十九歳の回心《えしん》の状況を、真仮三願に配当して述べられたものである、とおっしゃったのです。

したがって「三願転入」とは、親鸞聖人が「いま、真実である第十八願の法門に帰し得たのは、第十九願・第二十願という方便の誓願《せいがん》のおかげであった」と、阿弥陀仏のお育てに感謝されたお言葉であると見なければならない、というのが梯和上のお考えでした。

これからお話しする「三願転入」は、このような梯和上のご教示に基づくものであることを、まずはじめに申し上げておきたいと思います。

親鸞聖人の回心の過程

さて、親鸞聖人は多くのお書物やお手紙を書いておられますが、ご自身のことについてはほとんどお書きになっておられません。ただ、阿弥陀仏の本願他力のみ教えに出遇《あ》った慶《よろこ》びを、どうしても伝えなければならない場合には、ご自身のお名前を名告《なの》った上で、その出来事についてお書きになっています。その一つが二十九歳の回心についてのことでした。

親鸞聖人の回心の状況については、親鸞聖人の奥さまである恵信尼《えしんに》さま（一一八二～一二六八）が、末娘《すえむすめ》の覚信尼《かくしんに》（一二二四～一二八三）に宛《あ》てて書かれたお手紙、『恵信尼消息《しょうそく》』の第一通（『註釈版聖典』八一一頁）によって、詳《くわ》しくうかがい知ることができます。まず、そこに書かれていることを挙《あ》げておきましょう。

①比叡山《ひえいざん》では常行三昧堂《じょうぎょうざんまいどう》の堂僧《どうそう》であった。

②比叡山を出て六角堂に百日参籠《さんろう》し、自分の進むべき道を尋《たず》ねようとされた。

③九十五日目のあかつき（夜明け前）に聖徳太子のご示現《じげん》の文をいただかれ、法然《ほうねん》聖人のもとへ行かれる決心をされた。

④それから百日の間、雨の日も、日照《ひで》りの日も、大風の日も（梅雨《つゆ》、真夏、台風の時期を経過したことをあらわすとする説もある）、ひたすら法然聖人のもとに通《かよ》われた。

⑤法然聖人が、よき人にもあしき人にも、分けへだてなく、生死《しょうじ》いづべき道（ただ念仏一つ）を

説いておられるのを聞いて、法然聖人の仰《おお》せに間違いはないと決心された。

こうしたことをはっきりと知り得る『恵信尼消息』第一通の詳細な記述に比べ、親鸞聖人がご自身の回心の状況を書かれた「化身土文類《けしんどもんるい》」後序の、

しかるに愚禿釈《ぐとくしゃく》の鸞《らん》、建仁《けんにん》辛酉《かのとのとり》の暦《れき》、雑行《ぞうぎょう》を棄《す》てて本願《ほんがん》に帰《き》す。（『註釈版聖典』四七二頁）

というお言葉は、簡潔《かんけつ》すぎると思われるくらいにあっさりとしています。しかし、言葉は簡潔ですが、そこにはとても深く重要な意味がこめられていました。

はじめに「愚禿釈の鸞」と、ご自身のお名前を名告っておられます。これは阿弥陀仏のみ教えを客観的に述べようとされるのではなく、ご自身の体験をとおして、み教えの要《かなめ》を伝えようとされているということなのです。これは後に述べる「三願転入」の文においても同じです。

次に「建仁辛酉の暦」は、建仁元年（一二〇一）、親鸞聖人二十九歳の年です。『恵信尼消息』第一通と対照すると、親鸞聖人は二十九歳のときに比叡山を下《お》り、六角堂の百日参籠（実際には九十五日）を経て、さらに百日の間、休むことなく法然聖人のもとに通われ、それまでの求道《ぐどう》のあり方を完全に転換《てんかん》して、ついに「ただ念仏一つ」という道へ回心されたことがわかります。

雑行を棄てて本願に帰す

そこで問題となるのが、次の「雑行を棄てて本願に帰す」というお言葉です。梯和上はこの言葉を解釈するについて、

> 「雑行」とは「雑多《ざった》な行」つまり「諸行《しょぎょう》」のことですから、これに対する言葉は「正行《しょうぎょう》」あるいは「念仏」であるはずです。したがって、ふつうならば「雑行を棄てて正行に帰す」、あるいは「雑行を棄てて念仏に帰す」と言うべきところです。ところが、ここでは「雑行を棄てて本願に帰す」と言われているところに、親鸞聖人の回心《えしん》の特徴《とくちょう》があらわれているのです。つまり、雑行を棄てて念仏に帰しただけではなく、自力を捨てて本願他力に帰した、ということを意味していました。
>
> しかし、親鸞聖人が、自らの回心に至る過程を、第十九願（諸行往生）・第二十願（自力念仏往生）という自力の法門を捨てて、第十八願（他力念仏往生）に帰したという「三願転入」の形であらわされるためには、「三願真仮」という思想の確立が必要だったのです。

とおっしゃいました。

第二節　生因三願と胎化得失

それでは、親鸞聖人はどのような教説にもとづいて、「三願に真仮あり」、すなわち生因三願《しょういん》に真実と方便の違いがあるということを見極めていかれたのでしょうか。次に、そのことについてお話ししたいと思います。

この三願には、それぞれに独自の往生の因果が誓われていることから、この三つの願を「生因三願」と呼び習わしています。親鸞聖人は、これらの三願のうち、第十八願を「真実の願」、第十九願・第二十願を「方便の願」とされました。つまり、第十九願・第二十願は、自力の行信《ぎょうしん》にとらわれている未熟《みじゅく》な機《き》を、真実なる第十八願の行信に帰せしめていくための教育的手段を説かれた願であるとご覧になったのです。

親鸞聖人が「生因三願」には真実と方便があるとご覧になったのは、実は、『大経』下巻《げかん》の終わり（『註釈版聖典』七五頁以下）に、いわゆる「胎化得失《たいけとくしつ》」ということが説かれていたからでした。

お釈迦さまは『大経』のご説法の結びに近づいたところで、この説法をされていた霊鷲山《りょうじゅせん》において、仏力《ぶつりき》をもって阿弥陀仏の浄土を示現されました。そして、浄土には「胎生《たいしょう》」と「化生《けしょう》」の違いがあることをお見せになるのです。

お釈迦さまはこの一段において、浄土に往生することについて、はじめに、浄土の蓮《はす》の中に生まれても蓮の花が五百年のあいだ開かないために、仏・法・僧の三宝《さんぼう》を見ることができず、すぐには仏のさとりを開けない場合がある、と説かれました。このような往生を、胎児がお母さんのおなかの中にありながら、お母さんを見ることができない状態にたとえて「胎生」と言います。

それに対して、次に、浄土の蓮の中に生まれたらすぐに花が開いて三宝にまみえ、仏のさとりを開くことができる、と説かれました。このように、浄土に往生すればただちに仏になるような往生のことを「化生」と言うのです。

これは、仏智《ぶっち》を疑う者は「胎生」の失《しつ》があり、仏智を信ずる者は「化生」の得《とく》があると説いて、仏智を疑う罪の深さを知らせ、明らかに仏智を信ぜしめようとの教説でした。これを「胎化得失」と言います。

親鸞聖人は、この「胎化得失」の一段に、罪福《ざいふく》（善因楽果《ぜんいんらくか》、悪《あく》因苦《く》果という道理）を信じ、善根《ぜんこん》を修《しゅ》して往生を願うという「自力心」をもって、善悪平等の救いを説く「不思議の仏智」を疑う者は「胎生」の失があるという教説を、第十九願・第二十願に配当されました。そして、明らかに「不思議の仏智」を信ずる「他力の行者」は「化生」の得があると説かれている教説を、第十八願に配当されたのです。

こうして、第十九願や第二十願は、自力のはからいによって、仏智不思議の誓願である第十八願を素直に受け入れることができない未熟の機を、第十八願に帰せしめていくための方便の願であるとご覧になったのです。

第三節　三願転入

このような三願観によって、親鸞聖人は、自らの回心の状況を「化身土文類」真門《しんもん》釈の結びに、次のように述べておられます。

〈第十九願から第二十願へ〉

ここをもつて愚禿釈《ぐとくしゃく》の鸞《らん》、論主《ろんじゅ》の解義《げぎ》を仰《あお》ぎ、宗師《しゅうし》の勧化《かんけ》によりて、久《ひさ》しく万行諸善《まんぎょうしょぜん》の仮《け》門《もん》を出《い》でて、永《なが》く双樹林下《そうじゅりんげ》の往生を離《はな》る。善本徳本《ぜんぽんとくほん》の真門《しんもん》に回入《えにゅう》して、ひとへに難思《なんじ》往生の心《しん》を発《おこ》しき。

（『註釈版聖典』四一三頁）

〈第二十願から第十八願へ〉

しかるにいまことに方便の真門を出でて、選択《せんじゃく》の願海《がんかい》に転入《てんにゅう》せり。すみやかに難思往生の心を離れて、難思議《なんじぎ》往生を遂《と》げんと欲《ほっ》す。果遂《かすい》の誓《ちかい》（第二十願）、まことに由《ゆえ》あるかな。

（『註釈版聖典』四一三頁）

こうして親鸞聖人は、「第十九願」は聖道門《しょうどうもん》の行者を、行ずる諸行はそのままに浄土門に帰せしめるための願であり、「第二十願」は第十九願の行者に諸行を捨てさせて念仏せしめ、さらには自力心を捨てしめて「第十八願」に帰せしめる願であることを明らかにしていかれたのです。結びに「果遂の誓、まことに由あるかな」と言われているように、親鸞聖人は二十九歳の時、雑行を棄てて本願に帰し得たのは、全く阿弥陀仏のお導きによるものであったと、お育てに感謝しておられるのです。それは『教行信証』総序《そうじょ》の文に「たまたま行信を獲《え》ば、遠く宿縁《しゅくえん》を慶《よろこ》べ」（『註釈版聖典』一三二頁）と言われたお言葉にも通ずるものでした。

第五章　六三法門

第一節　六三法門とは

親鸞聖人は、第十八願を真実の願とし、第十九願《く》・第二十願を、自力に執《とら》われている未熟《みじゅく》な機《き》を、真実他力の第十八願に帰せしめていくための教育的手段として説かれた、方便《ほうべん》の願であるとみなされたことは、すでにお話ししたとおりです。そして、第十八願の教えを説いたのが『大《だい》経《きょう》』（大無量寿経）であるとし、これを「弘願《ぐがん》（門《もん》）」と名づけ、第十九願の教えを説いたのが『観《かん》経《ぎょう》』（観無量寿経）であるとし、これを「要門《ようもん》」と名づけ、第二十願の教えを説いたのが『小経《しょうきょう》』（阿弥陀経）であるとし、これを「真門《しんもん》」と名づけられました。

親鸞聖人はこれらの三つの法門を、①三願《さんがん》、②三経《さんぎょう》、③三門《さんもん》、④三蔵《さんぞう》、⑤三機《さんき》、⑥三往生《さんおうじょう》、という六つの項目によって分類し、真実（第十八願）と方便（第十九願・第二十願）の教えの違いを明確にしていかれたのです。これを「六三法門《ろくさんぼうもん》」と呼び習わしています。「六三法門」は左の表のようにまとめられます。

説かれる教え（法）				教えを受ける者（機）	
三願	三経	三門	三蔵	三機	三往生
第十八願	大経	弘願	福智蔵	正定聚	難思議往生
第十九願	観経	要門	福徳蔵	邪定聚	双樹林下往生
第二十願	小経	真門	功徳蔵	不定聚	難思往生

なお「六三法門」の六つの項目のうち、前の①三願、②三経、③三門、④三蔵の四つは「説かれる教え」（法）についての分類であり、後の⑤三機、⑥三往生の二つは「教えを受ける者」（機）について分類したものです。

第二節　三願（生因三願の違い）

生因三願の比較対照

まずはじめに、親鸞聖人が第十八願を他力真実の法門をあらわす願とし、第十九願・第二十願を自力方便の法門をあらわす願とされたお心を、三願の言葉の違いによってうかがってみたいと思います。

そこでいま、三願の文《もん》を信《しん》・行《ぎょう》・証《しょう》ごとに分けて比較対照するために、漢文のまま挙げておきます。

	〔第十八願〕	〔第十九願〕	〔第二十願〕
	設我得仏	設我得仏	設我得仏
	十方衆生	十方衆生	十方衆生
信	至心信楽 欲生我国	発菩提心 修諸功徳	聞我名号 係念我国 植諸徳本

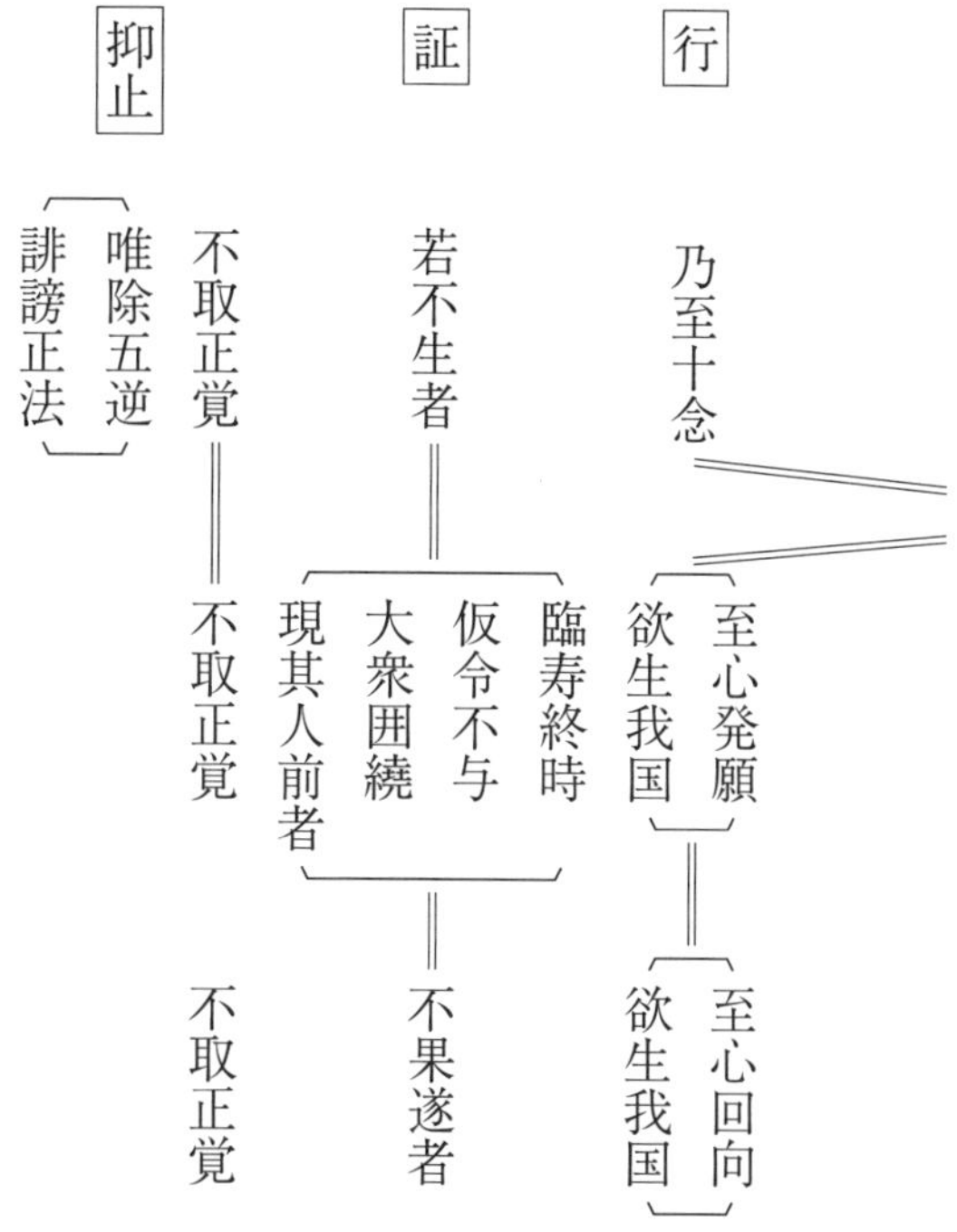

信が先で行は後（信行次第）

まず、第十八願には「至心信楽《ししんしんぎょう》、欲生我国《よくしょうがこく》」と、先に信が出され、次に「乃至十念《ないしじゅうねん》」と行《ぎょう》が出されています。これを「信行次第《しんぎょうしだい》」と言います。第十八願が「信行次第」で誓われているのは、本願他力の救いは、如来より回向《えこう》された本願の名号《みょうごう》を、二心《ふたごころ》なく信ずるばかりで浄土に生まれることが決定《けつじょう》せしめられ、「乃至十念」という称名行《しょうみょうぎょう》によって、その信心が臨終まで相続していくという、「他力の行信」がめぐまれることを知らせようとする願だからです。

ですから、第十八願の称名は、称《とな》える衆生《しゅじょう》の心持《こころも》ちから言えば「往生を決定してくださったことに対する報恩の営み」という意味があります。もちろん、第十八願の称名は、称えられている名号の徳からいえば「正《まさ》しき往生決定《おうじょうけつじょう》の業《ごう》」、すなわち「正定業《しょうじょうごう》」であることは言うまでもありません。

それに対して、第十九願は「行信次第」で誓われています。第十九願には「発菩提心《ほつぼだいしん》、修諸功《しゅしょく》徳《どく》」とあるように、自力諸行《しょぎょう》の行者《ぎょうじゃ》は、みずから菩提心を発し、自利利他《じりりた》の行を完成しようとあらゆる行を修《しゅ》し、この行をもって、「至心発願《ほつがん》、欲生我国」と、至心に発願し、浄土に往生しようと欲生します。第十九願は、このような「自力の行信」をあらわしているのです。

また、第二十願も「行信次第」で誓われています。第二十願には「聞我名号《もんがみょうごう》、係念我国《けねんがこく》、植諸《じきしょ》徳本《とくほん》」とあるように、自力念仏の行者は、本願の名号を聞きながら、仏の本意を取り違えて、名号を称えて自らの功徳を積み重ね、その後に「至心回向《えこう》、欲生我国」と、念仏の功徳を浄土に回向して、浄土に往生しようと欲生します。第二十願も、このような「自力の行信」をあらわしているのです。

信楽（よろこび）のある信

次に、三願の信（三心《さんしん》）の言葉を比較対照してみると、「至心」と「欲生」は三願に共通していますが、中間の心《しん》が、第十八願は「信楽」、第十九願は「発願」、第二十願は「回向」となっています。この中間の心の違いに、三願の信の違いがあらわれています。

まず、第十八願には「信楽」と誓われています。「信楽」とは「無疑愛楽《むぎあいぎょう》（愛悦《あいえつ》）」、すなわち「疑いが晴れた悦《よろこ》び」という意味です。他力念仏の行者は、「南無阿弥陀仏」という名号にこめられた「必ずたすける」というおいわれを素直に聞き受けますから、阿弥陀仏の救いを疑いなく信じて、「必ずたすかる」とよろこぶ心がめぐまれるのです。

次に、第十九願には「発願」と誓われています。第十九願の行は「発菩提心、修諸功徳」とあるように、もともと「聖道門《しょうどうもん》」、すなわち、この土でさとりを開くための行なのです。これを「往生の行」とするためには、自ら修した功徳をもって「浄土に往生したい」という願いを発《おこ》し、それによって行の意味を転じ、往生の行としていくのです。

すなわち、自力諸行の行者においては、まず浄土に往生しようと「発願」することが、最も重要な意味を持つことを知らせるために、第十九願の信には「発願」という言葉が用いられているのです。

また、第二十願には「回向」と誓われています。第二十願の行は、名号を聞いて、その名号を称えることによって功徳を積み重ねていこうとする自力の念仏です。本来、念仏は阿弥陀仏が選び取られ、衆生にめぐまれた往生決定の行であるにもかかわらず、自力念仏の行者はそのことに気づかず、念仏を自らの善根《ぜんこん》功徳であると取り誤《あやま》り、この功徳をもって救ってほしいと阿弥陀仏に回向していくのです。

すなわち、自力念仏の行者の信は、至心に念仏を回向して救われていこうとする「自力心《じりきしん》」であることを知らせるために、第二十願の信心には「回向」という言葉が用いられているのです。

数の多少を問題にしない行

次に、三願の行を比較対照してみると、まず第十八願には「乃至十念」と、「十念（十声《とこえ》の称名）」に「乃至」という数を限定しない言葉が付いています。本願の念仏は一声《ひとこえ》一声が無上絶対の徳を持っており、一声であろうと、十声であろうと、あるいは百千万声であろうと、その功徳には少しの差違もない行なのです。つまり、第十八願に誓われた称名念仏は、称えた口のはたらきに功《こう》（用事）を見ない「他力の行」であることをあらわしているのです。

これに対して、第十九願の行には「修諸功徳」、第二十願の行には「植諸徳本」と、「諸（もろもろの）」という言葉が使われています。それは、どちらも「自力の行」ですから、少しでも多く、長く行ずる方が功徳があるからです。

「若不生者」のお誓い

次に、証についての言葉を比較対照してみると、まず第十八願には「若不生者《にゃくふしょうじゃ》、不取正覚《ふしゅしょうがく》（若し生まれずは、正覚を取らじ）」とあります。この言葉には「すべての衆生を往生させることができなければ、私は仏のさとりを開かない」という、阿弥陀仏の強い決意がこめられています。これを「往生正覚、不二一体《ふにいったい》の誓い」と言います。

このように「往生正覚、不二一体」に誓われた法蔵菩薩《ほうぞうぼさつ》が、いま「南無阿弥陀仏《なもあみだぶつ》（あなたを必ず救う阿弥陀という仏になりましたから、私にまかせなさい）」と、救いを告げてくださっているのですから、私の往生の因《いん》はすべて仏の側《がわ》で成就《じょうじゅ》されているのです。ですから、阿弥陀仏の救いにあずかるには、ただほれぼれと阿弥陀仏の救いにおまかせするばかりなのです。そのお心を、親鸞聖人は『浄土和讃』に、

若不生者のちかひゆゑ
信楽まことにときいたり

一念慶喜《いちねんきょうき》するひとは
往生かならずさだまりぬ
（『註釈版聖典』五六一頁）

と詠《うた》われています。

それに対して、第十九願には臨終来迎《らいこう》が誓われています。そこには「仮令《けりょう》（たとい）」という言葉が用いられていて、必ずしも決定的でないことが暗示《あんじ》されています。なぜなら、来迎の益《やく》は、それにふさわしい行徳《ぎょうとく》を持たなければ与えられないからです。

また、第二十願には「不果遂者《ふかすいしゃ》」と誓われています。「果遂」とは、必ずしも即座に果《は》たされるとは限らず、三生《さんしょう》果遂ということもあり、その益《やく》の不確かさを暗示しています。

抑止の言葉

最後に、第十八願にのみ「唯除五逆《ゆいじょごぎゃく》、誹謗正法《ひほうしょうぼう》」という抑止《おくし》の言葉が説かれていることに、簡略《かんりゃく》に触れておきます。

第十九願・第二十願は、明らかに善人が対象であって、はじめから悪人は含まれていません。それに対して、第十八願は五逆や謗法《ほうぼう》を作る可能性を持った者に、この罪の重さを知らせて、回心懺悔《えしんさんげ》させて救うことを誓われたものなのです。親鸞聖人は、抑止の文が説かれている第十八願こそ、善悪一切の機をみな漏《も》らさず救うという本願であるとご覧になったのです。

第三節　三経（大経・観経・小経）

「三経一致門」と「三経差別門」

六三法門における「三経」の意についてお話しする前に、親鸞聖人の三経の見方には「三経《さんぎょう》一致門《いっちもん》」と「三経差別門《さんぎょうしゃべつもん》」という二つの見方がある、ということをお話ししておかねばなりません。

「三経一致門」とは、三経ともに阿弥陀仏の本願他力の救いを説く真実の経典であるとする見方であり、「三経差別門」とは、『大経』（大無量寿経）の教説を真実とし、『観経』（観無量寿経）と『小経』（阿弥陀経）の教説は方便（真実に導く教育的手段）であるとする見方です。

親鸞聖人は善導大師《ぜんどうだいし》のご指南《しなん》によって、『観経』と『小経』には、経文に明らかに説かれた方便の教説（顕説《けんぜつ》）と、経文に明らかに説かれてはいないけれども、経文の奥にこめられた真実の教説（隠彰《おんしょう》）とがある、ということを読み取られました。

そして、親鸞聖人は浄土三部経（大経・観経・小経）には、お釈迦さまのあらゆるご説法の内容がおさまっており、しかもお釈迦さまの本意は、阿弥陀仏の本願他力の救いを説くことにあるという経典観を確立されました。『教行信証《きょうぎょうしんしょう》』は親鸞聖人の経典観に基づいて、仏教（広くいえば宗教）全体を体系化したものと言えるのです。

まず「三経一致門」とは、『大経』には「法《ほう》の真実」、すなわち真実である本願名号の救いが説かれ、『観経』には「機《き》の真実」、すなわち本願名号の救いの目当てである凡夫《ぼんぶ》の偽《いつわ》らざるすがたが説かれ、『小経』は「機法合説証誠《がっせつしょうじょう》」、すなわち『大経』と『観経』の両説を合わせて、本願名号の救いは凡夫を目当てとした真実の教えであることを、お釈迦さまをはじめ諸仏《しょぶつ》方が口をそろえて証明し、讃嘆してくださっていることが説かれていると言うのです。

たとえて言えば、『大経』には「本願名号の薬」が説かれ、『観経』には本願名号の薬を飲まねばならない「患者《かんじゃ》（凡夫）の容体」が説かれ、『小経』には「本願名号の薬を、医者が患者に処方《しょほう》してくださっている」ということが説かれているのです。

それに対して「三経差別門」とは、『大経』は第十八願の法義を説き開いた真実の経典であり、『観経』は第十九願、『小経』は第二十願の法義を説き開いた方便の経典である、とする見方です。したがって、「三経」を「三願」の法義に配当するのは「三経差別門」によるということになります。

三経（大経・観経・小経）

「三経」のうち、まず『大経』には、名号のいわれを、法蔵菩薩因位《いんに》の願行《がんぎょう》と阿弥陀仏果徳《かとく》の名号、という因果《いんが》をもって説きあらわし、本願の名号を聞信する一念に衆生の往生が決定し、やがて阿弥陀仏のさとりの浄土に往生し、成仏《じょうぶつ》していくいわれを説きあらわされています。これは第十八願に誓われた仏意を、経文として明確に説かれたものであると言わねばなりません。

それに対して『観経』には、その経文に定善十三観《じょうぜんじゅうさんかん》・散善三福九品《さんぜんさんぷくくぼん》（定散二善《じょうさんにぜん》）が説かれています。定散二善は、本来、聖道門の修行と同じ性質の行法《ぎょうほう》です。つまり、聖道門の諸善万行《しょぜんまんぎょう》を、定善十三観・散善三福九品と説きあらわし、その行徳をもって浄土を願う行とされているのです。これは、第十九願に誓われた行法を広く説き示したものであると言わねばなりません。

次に『小経』には、『観経』に説かれた定散二善を「少善根《しょうぜんこん》」とけなし、「多善根」である念仏を、一日、二日、三日……と相続して、一心不乱《いっしんふらん》に称え続けるべきことを説き明かされています。これは、第二十願に誓われた「植諸徳本」の心を説き開いたものと言わねばなりません。

第四節　三門（弘願・要門・真門）

次に、「三願」によって「三経」に説きあらわされた法門を「三門」と言います。

まず、『大経』に説きあらわされた第十八願の法義を「弘願（門）」と呼びます。この法門は善悪・賢愚《けんぐ》を選ばず、一切の衆生を平等に救おうと願って成就《じょうじゅ》された、絶対他力の「広大無辺《こうだいむへん》」の法門ですから、これを「弘願」という言葉で表すのです。

次に、『観経』に説かれた第十九願の法門を「要門」と呼びます。この法門は、聖道門の修行をしている人々を浄土門に誘引《ゆういん》する「肝要《かんよう》の法門」であり、また、自力の人々を育てて他力の法門に送り込む「肝要の法門」という意味がありますから、これを「要門」という言葉で表すのです。

この法門の行法は、先に述べたように「定散二善」にまとめられます。まず「定善」の「定」とは、「息慮凝心《そくりょぎょうしん》（慮《おもんぱか》りをやめて、心を凝《こ》らす）」と言われるように、散乱の心をとどめて一点に集中する「サマーディ（三昧《さんまい》）」、あるいは「ジャーナ（禅定《ぜんじょう》）」のことです。すなわち、『観経』に説かれた「心を如来の浄土に集中し、如来の浄土を、智慧《ちえ》をもって観ずる」という観察《かんざつ》の行のことです。これを「定善」と言います。

次に「散善」とは、散乱心のまま「廃悪修善《はいあくしゅぜん》（悪を廃して善を修する）」を行うことです。『観経』には、その内容として、世福《せふく》・戒福《かいふく》・行福《ぎょうふく》の三福行《さんぷくぎょう》が説かれています。「世福」とは世間的な善のことで、孝養父母《きょうようぶも》（親孝行）・奉持師長《ぶじしちょう》（師や先輩に仕える）などです。「戒福」とは、戒律を守ることで、『観経』では小乗の善のこととされています。すなわち五戒・八戒・十戒・具足戒《ぐそく》などの戒律のことです。また「行福」とは、大乗のさまざまな善行のことです。

このような「定善」「散善」は、いずれも行そのものは聖道門の行と共通しており、聖道門の人々（機《き》）を浄土門に導き入れるのにとても都合《つごう》がいいので、方便《ほうべん》誘引の行として用いられているのです。

次に「真門」とは、『小経』の修因段《しゅういんだん》に「若《も》しは一日（乃至）若しは七日」と説かれている自力念仏の法門を指します。自力の念仏とは、如来より与えられた名号を自己の善根として称えて功《く》徳《どく》を積み重ね、その功徳によって救われようとはからう念仏です。それゆえ、称えられている名号法は真実であるけれども、称えている側の心持ち、すなわち機の受け取り方が誤《あやま》っていますから、これを親鸞聖人は「教《きょう》（法）は頓《とん》にして、根《こん》は漸機《ぜんき》なり」と言われたのです。

この法門は、法は他力（真実）であるけれども、機が自力（方便）であるということから、「真《しん》実門《じつもん》」の「実」の一字を省《はぶ》いて「真門」と名づけられました。

第五節　三蔵（福智蔵・福徳蔵・功徳蔵）

また、三願によって三経に開きあらわされる法門の出所《でどころ》を「三蔵」と言います。「三蔵」の「蔵」とは、法義がそこにおさまり、そこから出てくるという意味で、親鸞聖人は「弘願」の法門を「福智蔵《ふくちぞう》」といい、「要門」の法義を「福徳蔵《ふくとくぞう》」といい、「真門」の法門を「功徳蔵《くどくぞう》」と名づけられました。

まず、弘願の法義を「福智蔵」と言われたのは、「南無阿弥陀仏」という名号には、法蔵菩薩が修された六波羅蜜《ろくはらみつ》の行徳《ぎょうとく》が円満に備わっていて、その全体が衆生に回向され、仏因《ぶついん》たらしめられていく法門である、というういわれをあらわすためでした。

「福智蔵」の「福」というのは、大乗の菩薩行である「六波羅蜜」のはじめの五つの波羅蜜行（布施《ふせ》・持戒《じかい》・忍辱《にんにく》・精進《しょうじん》・禅定《ぜんじょう》）のことで、「智」とは、第六波羅蜜（般若《はんにゃ》＝智慧《ちえ》）のことを指しているのです。

次に「福徳蔵」とは、『観経』に説かれた「定散二善」の法門のことで、散善である三福行

(福)に定善をおさめて、定散二善を「福徳」の行とされているのです。なお、『小経』には「少善根福徳因縁《いんねん》をもつては、彼《か》の国に生《しょう》ずることを得《う》べからず」と説かれていますが、この「福徳」こそ『観経』に説かれた定散二善のことである、とご覧になっているのです。

次に「功徳蔵」とは、『小経』に説かれた自力念仏の法門のことです。『小経』には、念仏を「不可思議功徳《ふかしぎくどく》」と説かれています。「不可思議」という言葉は、人間のはからいを超《こ》えた絶対他力の法門をあらわします。しかしこの法門は、称えられている名号は如来より与えられた不可思議功徳ですが、称える衆生の心持ちが誤《あやま》っている、いわゆる「教頓機漸《きょうとんきぜん》」の法門であることをあらわすために、「不可思議」の言葉を省《はぶ》いて、「功徳蔵」と名づけられたのです。

第六節　三機(正定聚・邪定聚・不定聚)

「機」とは

まず、「三機」の「機」とは「可発《かほつ》」の義と言われるように、「何かが起ころうとしている直前の位《くらい》」ということで、いまは「仏さまの教え(法)を聞けば、それに反応して、信をおこす者」ということです。

また、「機」とは「微《び》なり、関《かん》なり、宜《ぎ》なり」と言われています。「微」とは「かすかなきざし」ということであり、「関」とは「かかわり」ということ、「宜」とは「ちょうどよい」という意味です。

これらの意味を合わせると、「機」とは、「仏さまの教えを聞けば、それに何らかの反応を示す、かすかなきざしを持っている者」であり、また「仏さまの教えと深い関《かか》わりを持っている者」であり、また「仏さまの教えを受けるにふさわしい者」であるという意味から、仏さまの教え（法）に対する存在を「機」と呼びます。

要するに、仏さまの教えを聞けば、その教えに必ず何らかの反応を示し、やがて仏さまの教えに導かれていく可能性をもった存在であるという意味で、仏教では人間のことを「機」という言葉で表すのです。

親鸞聖人は、「三門」の教え（法）を受ける「三機」について、「弘願（第十八願）」の法を受けて行ずる機を「正定聚《しょうじょうじゅ》」、「要門（第十九願）」の法を受けて行ずる機を「邪定聚《じゃじょうじゅ》」、「真門（第二十願）」の法を受けて行ずる機を「不定聚《ふじょうじゅ》」と呼ばれました。これらの三つを「三聚」と言いますが、親鸞聖人の三聚説は、仏教一般に用いられる三聚説を巧《たく》みに転用されたものでした。

仏教一般の三聚説

そこで、親鸞聖人の三聚説についてお話しする前に、仏教一般に用いられる三聚とは、どのようなもののことを言うのかを、お話ししておきたいと思います。

「三聚」の「聚」とは「あつまり」という意味で、「聚類《じゅるい》」すなわち「なかま」ということです。一般の仏教において、さとりへ向かって修行している人を「正定聚」「邪定聚」「不定聚」の三種類に分類しました。この三つを「三聚」と言います。

「正定聚」とは、無漏《むろ》（煩悩のまじらない）の智慧《ちえ》を一分《いちぶん》なりともおこして、けっして仏道を退《たい》転《てん》することのない境地に到達した人のことで、菩薩の五十二の階位でいえば、初地《しょじ》（四十一位）以上の聖者《しょうじゃ》のことを指《さ》します。

「邪定聚」とは、完全に煩悩に縛《しば》られて生死《しょうじ》を繰り返し、迷いの世界にとどまり続けているような、十信《じゅっしん》以前の凡夫（まだ仏道を歩み始めていない凡夫＝外凡《げぼん》）のことを指します。

「不定聚」とは、仏の教えを聞き、仏道を歩み始めたけれど、まだ無漏の智慧を開いてはおらず、進めば正定聚に至る可能性もありますが、退転すれば邪定聚に堕《お》ちる可能性もあり、まだどちらとも定《さだ》まっていない、十住《じゅうじゅう》・十行《じゅうぎょう》・十回向《じゅうえこう》の賢者《けんじゃ》（仏教内の凡夫＝内凡《ないぼん》）のことを指します。

〈菩薩の五十二の階位〉

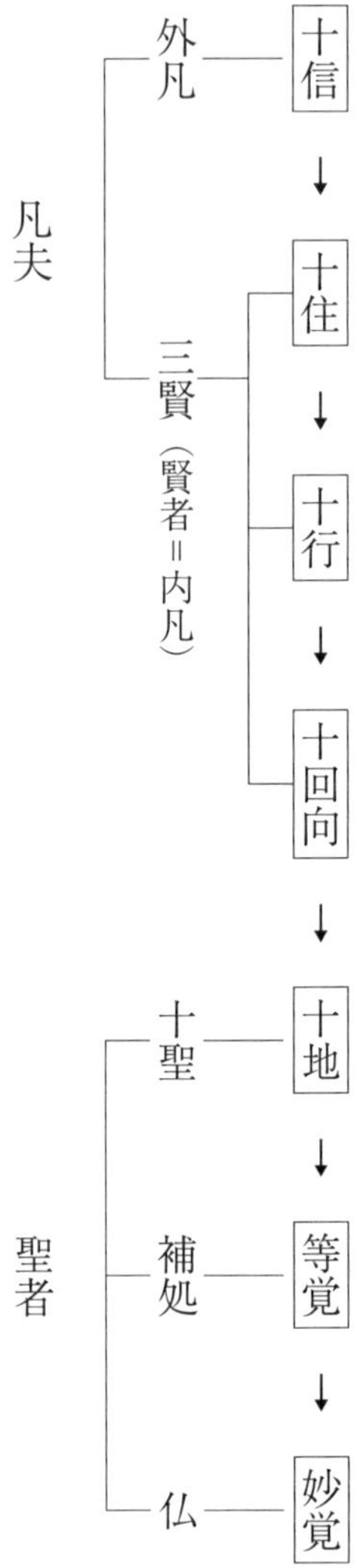

これらの三聚説は、浄土教にも取り入れられています。たとえば『大経』下巻の第十一願成《じょう》就文《じゅもん》には、

それ衆生《しゅじょう》ありて、かの国《くに》に生るるものは、みなことごとく正定の聚に住《じゅう》す。ゆゑはいかん。かの仏国《ぶっこく》のなかにはもろもろの邪聚および不定聚なければなり。（『註釈版聖典』四一頁）

と説かれています。この文《もん》によれば、阿弥陀仏の国（浄土）に往生すれば、みなことごとく正定聚の位に住する。なぜなら、阿弥陀仏の浄土には邪定聚も不定聚もいないからであるというのです。それは、そもそも『大経』上巻の第十一願に、

たとひわれ仏を得《え》たらんに、国中《こくちゅう》の人天《にんでん》、定聚に住し、かならず滅度《めつど》に至らずは、正覚《しょうがく》を取《と》

らじ。

（『註釈版聖典』一七頁）

と誓われたことが成就しているからでした。

もともと「正定聚」とは、永い修行の積み重ねによって、一分なりとも無漏智をおこした、初地以上の菩薩の到達する境地でした。それに対して、『大経』の第十一願文・第十一願成就文は、仏願力によって凡夫が浄土に生まれたならば、すみやかに正定聚の位につかしめられるという、浄土の教えのすぐれた利益《りやく》を説いたものだったのです。

親鸞聖人の三聚説

ところが、親鸞聖人は『一念多念文意《いちねんたねんもんい》』において、『大経』下巻の第十一願成就文を、

それ衆生あつて、かの国に生れんとするものは、みなことごとく正定の聚に住す。

（『註釈版聖典』六八〇頁）

と読み替えられ、この文には、浄土を願生《がんしょう》する者が正定聚の位に住すと説かれている、とお領解《りょうげ》されているのです。そして親鸞聖人は、仏教一般の三聚説を次のように転用して、三門の機に配当されました。

まず、第十八願の機は、如来の智慧の顕現《けんげん》であるような本願の名号を信受《しんじゅ》して称えている人で

あり、「必ず浄土に往生して仏となることが決定している人」ですから、親鸞聖人はこのような人を「正定聚」と呼ばれたのです。しかも、親鸞聖人は一般に言われるように「正定聚」を「初地の位」とはされず、仏因《ぶついん》が円満しているという意味で、さとりの一歩手前である「一生補処《いっしょうふしょ》の位」とか、等覚《とうがく》の「弥勒《みろく》菩薩と同じ位」であると言われているのです。

ただし親鸞聖人は、第十八願の教えを聞き受けた機を、法の徳から「正定聚」とおっしゃっているのであって、この身は臨終の一念に到るまで煩悩具足の凡夫であり続けるのですから、けっして「さとりを開いた」とはおっしゃっていない、ということに注意しておかねばなりません。親鸞聖人の「現生《げんしょう》正定聚説」はとても奥深い意義がこめられていますから、後にあらためて親鸞聖人の「現生正定聚説」について詳しくお話ししたいと思います。

次に、第十九願の機は、本来の往生の行ではない雑行《ぞうぎょう》（邪雑《じゃぞう》の行＝諸行）を行じている人ですから、このような人を「邪定聚」と呼ばれました。

また、第二十願の機は、本願の名号を称えながら、それを自らの行功《ぎょうこう》であると取り違えている。すなわち「法は真実であるけれども、機が誤っている」、いわゆる「教頓機漸」である自力念仏の行者ですから、このような人を「不定聚」と呼ばれたのです。

第七節　三往生（難思議往生・双樹林下往生・難思往生）

次に「三往生」とは、善導大師の『法事讃《ほうじさん》』巻上（『註釈版聖典七祖篇』五一四頁以下）に「難思《なんじ》議《ぎ》」「双樹林下《そうじゅりんげ》」「難思《なんじ》」という名目がありますが、親鸞聖人はこれを転用《てんよう》して、「三門」の機に配当されました。

すなわち、「弘願《ぐがん》（第十八願）」の教えを聞き受けた、「正定聚」の機が得る「往生即《そく》成仏」という証果《しょうか》を「難思議往生」と呼び、「要門（第十九願）」の教えによって、自力の諸行を修する「邪定聚」の機が受ける果を「双樹林下往生」と呼び、「真門（第二十願）」の教えによって、自力の念仏行を修する「不定聚」の機が受ける果を「難思往生」と呼ばれたのです。

まず、「弘願」の果を「難思議往生」と言うのは、それが「真実報土《ほうど》」の往生であることを表しています。すなわち、「弘願」の機は、阿弥陀仏の本願力によって浄土に往生し、ただちに仏のさとりを得るという「往生即成仏」の果を得ます。これは人間の思《し》議《ぎ》を完全に超えた不可思議の果ですから、「難思議往生」と言うのです。

次に、「要門」の果を「双樹林下往生」と言うのは、それが「真実報土」の往生ではなく、「方便化土《けど》」の果であることを知らせるために、お釈迦さまの入滅《にゅうめつ》になぞらえて「双樹林下」という言葉を用いられたのです。自力の行者は、自力の心に執《と》われていますから、浄土に往生しても、自分の心に相応《そうおう》した浄土しか感得することができません。このように、仏さまや浄土を自分の心によって歪《ゆが》めているような状態を「方便化身土《けしんど》」と呼ぶのです。それは、ちょうど胎児《たいじ》が母親の真相を見ることができないような状態ですから「胎生《たいしょう》」と呼びます。また、「方便化身土」に往生する者は、仏さまを見る心も有限ですから、仏さまもまた有限であって、入滅の時があると言われています。仏さまの入滅に会うありさまは、お釈迦さまの双樹林下における入滅になぞらえられますから、「双樹林下往生」という言葉を用いられたのです。

次に、「真門」の果を「難思往生」と呼ばれたのは、これも「方便化土」の往生なのですが、「教頓機漸」の人の往生であることを知らせるために、「難思議」の「議」の一字を省いて、その得失《とくしつ》を明らかにされたのです。

第六章　現生正定聚

第一節　はじめに

先に、六三法門《ろくさんぼうもん》の「三機《さんき》」について、親鸞聖人が仏教一般の「三聚《さんじゅ》」の意味を転用して、「弘願《ぐがん》」（第十八願）・「要門《ようもん》」（第十九願）・「真門《しんもん》」（第二十願）の「三門《さんもん》」の機に配当されたというお話をしました。しかし、第十八願の機を「正定聚《しょうじょうじゅ》」とすることは、浄土教の常識では考えられないことでした。

もともと「正定聚」とは、修行の功徳力《くどくりき》によって無漏《むろ》（煩悩のまじらない）の智慧《ちえ》を一分なりとも発《おこ》し、けっして仏道を退転することのない境地に到達した人のことであり、菩薩の階位で言えば、初地《しょじ》以上の聖者《しょうじゃ》のことを指していました。ですから、凡夫《ぼんぶ》の救いを説く浄土教に「三聚説」が取り入れられたとき、「正定聚」は浄土に往生した者の得る利益《りやく》である、と説かれたのは当然のことでした。

ところが親鸞聖人は、従来の浄土教の常識を破り、お経《きょう》の言葉を読み替えることまでして、本願の名号《みょうごう》を信受《しんじゅ》して称《とな》えている第十八願の機は「この土《ど》において正定聚の位《くらい》に入る」と言われたのです。これを「現生《げんしょう》正定聚」と言います。

ここで一章を設《もう》けて、なぜ親鸞聖人は「現生正定聚」を語ることができたのか。また、親鸞聖人の「現生正定聚説」とは、どのような考え方だったのかについてお話しします。

第二節　平生業成説

その前に、『御文章』一帖目《いちじょうめ》第四通に、
されば平生業成《へいぜいごうじょう》といふは、いまのことわりをききひらきて、往生治定《じじょう》とおもひ定《さだ》むる位《くらい》を、一念発起住 正 定聚《いちねんぼっきじゅうしょうじょうじゅ》とも、平生業成とも、即得往生住不退転《そくとくおうじょうじゅうふたいてん》ともいふなり。
（『註釈版聖典』一〇八八頁）
とあるように、蓮如上人（一四一五～一四九九）は「平生業成」と「現生正定聚」（一念発起住正定聚、あるいは即得往生住不退転）とを同義語とされています。親鸞聖人の「現生正定聚説」よりも先に成立し、浄土真宗では「現生正定聚」と同じこととして語られることのある「平生業成」ということについてお話ししておきましょう。

「平生業成」とは、法然聖人が説かれた「念仏往生」という教えを、どのように理解するかについて、法然門下において、「一念義《いちねんぎ》」と「多念義《たねんぎ》」とに分かれて激《はげ》しい論争が繰り広げられた際に主張された考え方でした。

まず「一念義」と称される人たちは、行《ぎょう》の一念（一声《ひとこえ》の念仏）、あるいは信《しん》の一念（信心が開け発った最初のとき）に、往生の業因《ごういん》が成就して、往生は決定《けつじょう》すると考えました。これが「平生業成説」です。

それに対して、「多念義」と称される人たちは、命終わるまで念仏を相続することによって、臨終のときに往生の業因は成就すると考え、仏さまの来迎《らいこう》を期待したのです。これが「臨終業《りんじゅうごう》成説《じょうせつ》」です。

親鸞聖人はどのようにお考えだったかというと、『親鸞聖人御消息《ごしょうそく》』第一通に、

> 真実信心《しんじつしんじん》の行人《ぎょうにん》は、摂取不捨《せっしゅふしゃ》のゆゑに正定聚の位に住《じゅう》す。このゆゑに臨終まつことなし、来迎たのむことなし。信心の定まるとき往生また定まるなり。来迎の儀則《ぎそく》をまたず。
>
> （『註釈版聖典』七三五頁）

と言われていますから、「一念義」に親しい考え方をお持ちであったことは確かです。ただし、『一念多念文意《いちねんたねんもんい》』の結びに、

おもふやうには申《もう》しあらはさねども、これにて一念多念のあらそひあるまじきことは、おしはからせたまふべし。浄土真宗のならひには、念仏往生と申すなり、まつたく一念往生・多念往生と申すことなし。

（『註釈版聖典』六九四頁）

と言われています。

そもそも、法然聖人が明らかにされた「念仏往生」という教えは、一念（一声の称名《しょうみょう》念仏）するところに往生は決定すると思いとり、決定往生の思いをもって、生涯にわたって称名念仏を相続していく、というものでした。ですから、一念の往生に執《とら》われて多念の称名を不要なものとして排除したり、また逆に多念の称名に執われて一念の往生を否定するのも、どちらも念仏往生の実義《じつぎ》にかなわないものであると言われていました。親鸞聖人もそのお考えを継承《けいしょう》されているのです。

さて、先ほど挙げた蓮如上人の『御文章』と、『親鸞聖人御消息』の文《もん》を対照してみると、「平生業成」も「現生正定聚」も、どちらも「平生の時に往生は決定するのだから、臨終来迎をまつ必要はない」ということにおいて共通しています。また、「往生即成仏《そくじょうぶつ》」を説く浄土真宗においては、「往生が決定する」ことは、そのまま「仏になることが決定する」ことになります。したがって

がって、蓮如上人は「平成業成」と「現生正定聚」とは同じことであるとおっしゃったのでしょう。

しかし、親鸞聖人は「平生業成」という言葉を用いておられませんし、そもそも「平生業成説」と「現生正定聚説」は、成立する思想背景と根拠が異なっていますから、厳密《げんみつ》に言うと、全く同じではないのです。

第三節　現生正定聚説の成立背景

浄土真宗の祖師方の中で、「正定聚」ということを盛《さか》んにおっしゃったのは曇鸞大師《どんらんだいし》でした。曇鸞大師は天親菩薩《てんじんぼさつ》の『浄土論』に、

また五種《ごしゅ》の門《もん》ありて漸次《ぜんじ》に五種の功徳を成就《じょうじゅ》す、知るべし。何者《なにもの》か五門。一には近門《ごんもん》、二には大会衆門《だいえしゅもん》、三には宅門《たくもん》、四には屋門《おくもん》、五には園林遊戯地門《おんりんゆげじもん》なり。

(『註釈版聖典七祖篇』四一頁)

とある文を釈して、『往生論註』下巻に、

この五種は、入出《にゅうしゅつ》の次第《しだい》の相《そう》を示現《じげん》す。入《にゅう》相のなかに、初《はじ》めに浄土に至《いた》るは、これ近《ごん》の相なり。

いはく、大乗正定聚《だいじょうしょうじょうじゅ》に入《い》りて、阿耨多羅三藐三菩提《あのくたらさんみゃくさんぼだい》に近《ちか》づくなり。浄土に入りをはれ《おわ》ば、すなはち如来（阿弥陀仏）の大会衆《だいえしゅ》の数《かず》に入るなり。（『註釈版聖典七祖篇』一五〇～一五一頁）

と言われています。「入《にゅう》」とは浄土に至ることであり、五種の功徳《くどく》の中、第一の近門を「正定聚」とし、それは第二の大会衆門すなわち「如来の大会衆の数に入ること」とされています。したがって、この文から見れば、曇鸞大師も正定聚は浄土において得る利益《りやく》とされていることになります。

しかし、親鸞聖人は曇鸞大師が『往生論註』下巻に、眷属功徳について、

かの安楽国土《あんらくこくど》はこれ阿弥陀如来正覚浄華《しょうがくじょうけ》の化生《けしょう》するところにあらざるはなし。同一《どういつ》に念仏して別《べつ》の道《みち》なきがゆゑなり。遠《とお》く通《つう》ずるにそれ四海《※しかい》のうちみな兄弟《きょうだい》たり。〔浄土の〕眷属無量《けんぞくむりょう》なり。いづくんぞ思議《しぎ》すべきや。（『註釈版聖典七祖篇』一二〇頁）

（※四海＝須弥山《しゅみせん》をとりまく四方《しほう》の海。全世界を言う）

と言われていることに注目されたのです。この文によれば、浄土に往生した者ばかりでなく、（本願力《ほんがんりき》の回向《えこう》によって、如来よりたまわった）同一の念仏をしている者は、全世界においてみな兄弟であり、浄土の眷属であると言うのですから、すでにこの土《ど》において正定聚の位に住するのである、とご覧になったのです。

もちろん、親鸞聖人がこの文に注目し得たのは、『往生論註』下巻の讃嘆門釈《さんだんもんしゃく》に、

仏の光明《こうみょう》はこれ智慧《ちえ》の相《そう》なり。この光明は十方《じっぽう》世界を照《て》らしたまふに障礙《しょうげ》あることなし。よく十方衆生の無明《むみょう》の黒闇《こくあん》を除《のぞ》くこと、日《にち》・月《がつ》・珠光《しゅこう》のただ空穴《くうけつ》のなかの闇をのみ破《は》するがごときにはあらず。

とあり、また、

かの無礙光如来《むげこうにょらい》の名号《みょうごう》は、よく衆生の一切《いっさい》の無明を破《は》し、よく衆生の一切の志願《しがん》を満《み》てたまふ。

（『註釈版聖典七祖篇』一〇三頁）

とある文の意味を、深くお領解《りょうげ》されたからにほかなりません。

親鸞聖人が正定聚ということを語られるとき、たとえば『親鸞聖人御消息』第一通に、

真実信心の行人は、摂取不捨のゆゑに正定聚の位に住す。

（『註釈版聖典』七三五頁）

と言われたのをはじめ、必ず「摂取不捨のゆゑに」と言われています。それは、真実信心の行人（念仏者）が正定聚の位につくと言われたのは、阿弥陀さまの智慧の光につつまれ、阿弥陀さまの智慧に導かれて、まっすぐにさとりに向かっており、必ず仏になることが定まっているからでした。それ故《ゆえ》、等覚《とうがく》（一生補処《いっしょうふしょ》）の弥勒《みろく》菩薩と同じ位であるとまで言われたのです。

親鸞聖人は『一念多念文意』に、

「凡夫《ぼんぶ》」といふは、無明煩悩《ぼんのう》われらが身《み》にみちみちて、欲《よく》もおほく、いかり、はらだち、そ

ねみ、ねたむこころおほくひまなくして、臨終《りんじゅう》の一念《いちねん》にいたるまで、とどまらず、きえず、たえずと、水火二河《すいかにが》のたとへにあらはれたり。（『註釈版聖典』六九三頁）

とあるように、私たち凡夫は、臨終の一念まで煩悩がなくならないと言われています。しかし、その言葉に続いて、

かかるあさましきわれら、願力《がんりき》の白道《びゃくどう》を一分二分《いちぶんにぶん》やうやうづつあゆみゆけば、無礙光仏《むげこうぶつ》のひかりの御《おん》こころにをさめとりたまふがゆゑに、かならず安楽浄土へいたれば、弥陀如来《みだにょらい》とおなじく、かの正覚《しょうがく》の華《はな》に化生《けしょう》して大般涅槃《だいはつねはん》のさとりをひらかしむるをむねとせしむべしとなり。（『註釈版聖典』六九三頁）

とあり、愚かな凡夫である私たちが、無礙光仏（阿弥陀仏）の光の中におさめとられているからこそ、浄土に往生すれば大般涅槃のさとりを開かせていただくのであると言われています。

親鸞聖人はこのような真実信心の行者（他力の念仏者）のすがたを、『入出二門偈頌《にゅうしゅつにもんげじゅ》』に、

煩悩を具足《ぐそく》せる凡夫人《にん》、仏願力《ぶつがんりき》によりて信《しん》を獲得《ぎゃくとく》す。
この人《ひと》はすなはち凡数《ぼんじゅ》の摂《しょう》にあらず、これは人中《にんちゅう》の分陀利華《ふんだりけ》なり。（『註釈版聖典』五五〇頁）

とあるように、仏願力によって真実信心をめぐまれた人は、ただの凡夫ではなく、泥沼《どろぬま》に咲《さ》きながら、けっして泥に染《そ》まることのない分陀利華《ふんだりけ》（白蓮華《びゃくれんげ》）のようであると讃《たた》えられているのです。

第七章　親鸞聖人の仏身仏土説

第一節　仏教一般の仏身仏土説

これから往相回向《おうそうえこう》の四法《しほう》（教《きょう》・行《ぎょう》・信《しん》・証《しょう》）について順次お話ししていきますが、その前に、親鸞聖人が「往相回向の本源」とされ、また「衆生《しゅじょう》の帰《き》すべきところ」とされる「浄土」とはどのような世界なのかについて、お話ししておきたいと思います。

そこで、まず仏教一般に、仏《ぶつ》や浄土がどのように見られているかをお話ししておきましょう。

一般に仏教では、仏を三身《さんしん》、もしくは四身《ししん》に分類しています。

三身とは、「法身《ほっしん》」「報身《ほうじん》」「応身《おうじん》」のことで、それに「化身《けしん》」を加えるときは四身とします。

仏土《ぶつど》もそれに応じて、「法身土《ど》」「報土」「応土」「化土」に分類されます。

まず「法身」とは、生滅《しょうめつ》を超えた「真如法性《しんにょほっしょう》」そのものを仏身と見たもので、始めも無く終わりも無い無始《むし》・無終《むしゅう》の「真理そのもの」のことです。

次に「報身」とは、因位《いんに》の菩薩の願《がん》と行《ぎょう》に報《むく》いて成就した仏身のことで、真如法性の理《り》の持つ無量の功徳を実現しており、その徳を「光明無量」（無限なるものの空間的表現）、「寿命無量」（無限なるものの時間的表現）で表します。そして、この仏がおられる世界を「報土」と呼びます。報身は成仏《じょうぶつ》の時がありますから有始《うし》（始め有り）ですが、真如の徳と一体となっていますから、寿命無量となって無終（終わり無し）です。

次に「応身」とは、「報身」の仏が衆生を救済するために、相手に応じて現れた仏身のことです。たとえば、人間に応じて現れてくださったお釈迦《しゃか》さまのようなお方が、まさしく「応身」であり、人間と同じように有限の相を取ります。すなわち、さとっている法（真理）そのものは無限ですが、その相が有限ですから、有始・有終（始め有り・終わり有り）です。

また「化身」とは、お釈迦さまのような定まったすがたを取らず、時や所にしたがって変現《へんげん》するような仏身のことです。

三身 ┬ 法身（ほっしん）…真如法性を仏身と見たもの（無始・無終）┐
　　 ├ 報身（ほうじん）…願行に報いて成就した仏身（有始・無終）┼ 四身

「応身（おうじん）…相手に応じて現れた仏身（有始・有終）
化身（けしん）……時・所に応じて変現する仏身

第二節　善導大師の報身報土説（願力成就の報土）

中国に浄土の教えが伝わった頃、浄影寺《じょうようじ》の慧遠《えおん》（五二三～五九二）、嘉祥寺《かじょうじ》の吉蔵《きちぞう》（五四九～六二三）、天台の智顗《ちぎ》といった諸師方《しょしがた》は、いずれも阿弥陀仏を「応身」とし、その浄土を「応土」とされました。

それに対して、道綽禅師《どうしゃくぜんじ》とその弟子である善導大師《ぜんどうだいし》は、阿弥陀仏は「報身」であり、その浄土は「報土」であると主張され、「報身報土説」を確立していかれたのです。

特に善導大師は『観経疏《かんぎょうしょ》』「玄義分《げんぎぶん》」に、『大乗同性経《どうしょうきょう》』・『無量寿経《むりょうじゅきょう》』（大経《だいきょう》）・『観《かん》無量寿経』（観経）という三つの経典《きょうてん》をもって、阿弥陀仏の仏身仏土が「報身報土」であることを立証していかれました。その根拠の中核となるのが、『大経』の経説によるならば、阿弥陀仏およびその浄土は、本願（第十八願を要《かなめ》とする四十八願）に報いて成就された仏身仏土であるから、報仏報土でなければならないということでした。

しかも、阿弥陀仏は本願（第十八願）に「たとえ罪業《ざいごう》の深い凡夫《ぼんぶ》であっても、念仏する者を浄土に生まれさせることができなければ、私はさとりの仏とはならない」と誓われています。その本願を成就して阿弥陀仏となり、浄土を完成されたと言うのですから、「念仏する者は、たとえ凡夫であっても、その願力《がんりき》に乗《じょう》じて報土に往生を得《う》る」ということになります。善導大師は、まさに阿弥陀仏の本願をよりどころとして、「凡夫入報《にっぽう》」という教えを確立していかれたのです。

第三節　曇鸞大師の二種法身説（智慧と慈悲）

浄土真宗には、もう一つ特異《とくい》な仏身論があります。それが曇鸞《どんらん》大師の『往生論註《ろんちゅう》』下巻にあらわされた「二種法身説《にしゅほっしんせつ》」です。そこには、

諸仏《しょぶつ》・菩薩《ぼさつ》に二種の法身まします。一には法性《ほっしょう》法身、二には方便《ほうべん》法身なり。法性法身によりて方便法身を生《しょう》ず。方便法身によりて法性法身を出《いだ》す。この二の法身は異《い》にして分《わか》つべからず。一にして同《どう》ずべからず。

（『註釈版聖典七祖篇』一三九頁）

と言われていますが、直接に指しているのは阿弥陀仏（法蔵菩薩《ほうぞうぼさつ》）なのです。

すなわち、阿弥陀仏には「法性法身」と言われる一面と、「方便法身」と言われる一面があり、「法性法身」によって「方便法身」が成立し、「方便法身」によって「法性法身」の徳が完全に現れてくる。だから「この二つの法身は同じではない（不一）けれども、異なったものでもない（不異）」と言われているのです。

まず、「法性法身」の「法性」とは、「真如法性」とも言われるように、「無分別智《むふんべっち》」をもって体得された「世界のあるがままのありよう」のことです。それは、一切の分別的限定を超えた絶対の領域であり、「知るもの（智）」と「知られるもの（境）」とが一体であるということから、「境智一如《きょうちいちにょ》」とも「理智不二《りちふに》」とも言い習わされています。いま「法性法身」と言うときの「法身」とは、「真如法性」そのものを仏身と見るのであり、「法性即《そく》法身」という意味で「法性法身」と言うのです。

次に、「方便法身」と言うときの「方便」とは、いわゆる教育的手段である「権仮《ごんけ》方便」のことではなく、救いの巧《たく》みな手立てである「善巧《ぜんぎょう》方便」のことです。すなわち、一切の衆生を救おうとする大悲が具体化したもので、衆生を救おうとする「願い」を発《おこ》し、その願いを満たすべく「万行《まんぎょう》」を修《しゅ》し、その願いと行が円《まど》かに満たされて、一切の衆生を救い得る光明無量・寿命無量であるような仏となられたことを言うのです。したがって、三身で言えば「報身仏」にあたります。この場合、「方便」とは、真如にかなった「智慧」から出て、衆生を救済する巧みな手立てを完成された「大悲の顕現態《けんげんたい》」を意味しているのです。このように、「真如法性」にかなって衆生を救う大悲のはたらきをあらわしている仏であり、「法身の大悲的顕現態」という意味で、「方便の法身」すなわち「方便法身」と言うのです。

「法性法身」すなわち実相《じっそう》を知る智慧は、同時に実相に背《そむ》いたあり方をしている衆生の虚妄《こもう》の相《そう》を知ります。したがって、「衆生を虚妄から真実へ入《い》らしめよう」とする慈悲が必然的に起こってきます。その智慧から引き起こされた大悲のはたらき、すなわち「方便法身」が万人の帰依《きえ》処《しょ》（よりどころ）となっていくのです。二種法身説とは、「法性法身」が「方便法身」となって人々を救い、「方便法身」は「法性法身」にかなうが故《ゆえ》に、そのはたらきは真実であるということをあらわしているのです。

第四節　親鸞聖人の仏身仏土説

報身報土説と二種法身説の統合

親鸞聖人はこのような報身報土説と二種法身説を統合して、『唯信鈔文意《ゆいしんしょうもんい》』に、法身はいろもなし、かたちもましまさず。しかれば、こころもおよばれず、ことばもたえたり。この一如よりかたちをあらはして、方便法身と申《もう》す御《おん》すがたをしめして、法蔵比丘《ほうぞうびく》となのりたまひて、不可思議《ふかしぎ》の大誓願《だいせいがん》をおこしてあらはれたまふ御《おん》かたちをば、世親《せしん》菩薩（天《てん》親《じん》）は「尽十方無礙光《じんじっぽうむげこう》如来」となづけたてまつりたまへり。この如来を報身と申《もう》す。誓願の業因《ごういん》に報《むく》ひたまへるゆゑに報身如来と申すなり。

（『註釈版聖典』七〇九～七一〇頁）

と言われたのです。こうして、阿弥陀仏の仏身仏土には、「願力成就の報土」と「智慧よりおこされた慈悲の顕現態」という二つの面があることを明確にされたのです。

久遠実成の阿弥陀仏

また、親鸞聖人は『浄土和讃』「大経讃」に、

弥陀《みだ》成仏のこのかたは
いまに十劫《じっこう》とときたれど
塵点久遠劫《じんでんくおんごう》よりも
ひさしき仏とみえたまふ

（『註釈版聖典』五六六頁）

と言われ、また『浄土和讃』「諸経讃《しょきょうさん》」に、

久遠実成阿弥陀仏《くおんじつじょう》
　五濁《ごじょく》の凡愚《ぼんぐ》をあはれみて
釈迦牟尼仏《しゃかむにぶつ》としめしてぞ
　迦耶城《がやじょう》には応現《おうげん》する
（『註釈版聖典』五七二頁）

と言われています。つまり、阿弥陀仏は十劫成道《じょうどう》の仏であるにとどまらず、実は久遠の昔にすでに成仏されていた「久遠実成」の古仏《こぶつ》である。すなわち、法蔵菩薩と名のって発願《ほつがん》成道されたのは、久遠実成の仏が果《か》より因《いん》に降《くだ》って（従果降因《じゅうかごういん》）、一切衆生を救うための法が成就されていることを知らせるために示現《じげん》された「善巧方便の因果」であるとご覧になっているのです。

これによって、阿弥陀仏の発願成道は自利《じり》のためではなくて、全く利他《りた》のための因果であることがわかり、「阿弥陀仏が方便法身である」ということの意味が明らかとなります。さらにお釈迦さまも、久遠実成の阿弥陀仏が、五濁《ごじょく》の凡夫を哀れみ、人間に応じて示現された「阿弥陀仏の応身仏である」ということが明らかとなるのです。

このように、「報身仏」であり「方便法身」である阿弥陀仏も、「応身仏」であるお釈迦さまも、すべてが久遠実成の阿弥陀仏の顕現態であると、親鸞聖人はご覧になっているのです。

第八章　四法の大意

第一節　『教行信証』の構成

親鸞聖人が「浄土真宗」という教えをあらわされた『教行信証《きょうぎょうしんしょう》』六巻のうち、前の五巻は、教《きょう》・行《ぎょう》・信《しん》・証《しょう》・真仏土《しんぶつど》を明かされた、まさしく真実（是）を顕《あらわ》す「顕是《けんぜ》の巻」です。

その中、「真仏土（真仏・真土《しんど》）」とは、真実の教えが顕れてくる「本源」であり、また、真実の教えによって救われた人々が至《いた》らしめられる「終帰《しゅうき》」でもある、「不可思議光如来《ふかしぎこうにょらい》」（報仏《ほうぶつ》）「無量光明土《むりょうこうみょうど》」（報土《ほうど》）です。

それに対して、最後の「化身土文類《けしんどもんるい》」は、真実ではない非なるもの、すなわち、仏教以外の教え（偽《ぎ》）、および仏教内の聖道門《しょうどうもん》と浄土門内の方便である要門《ようもん》・真門《しんもん》（仮《け》）を簡《えら》び分けられた「簡《けん》非《ぴ》の巻」でした。

いま、『教行信証』六巻の構成と、そこにあらわされた内容の関係を図示すると、次の図のようになります。

〈『教行信証』六巻の構成〉

- 顕是
  - 教文類 ― 真実教
  - 行文類 ― 真実行
  - 信文類 ― 真実信
  - 証文類 ― 真実証
  - 真仏土文類 ― 真仏・真土
- 簡非 ― 化身土文類
  - 方便
    - 要門・真門
    - 聖道門
  - 邪偽 ― 外教

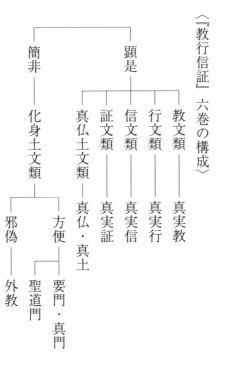

第二節　本願力回向（二回向四法）の教え

さて、親鸞聖人が『教行信証』「教文類《きょうもんるい》」のはじめに、

つつしんで浄土真宗を案《あん》ずるに、二種《にしゅ》の回向《えこう》あり。一つには往相《おうそう》、二つには還相《げんそう》なり。往相の回向について真実の教行信証《きょうぎょうしんしょう》あり。（『註釈版聖典』一三五頁）

と言われ、また『浄土文類聚鈔《じょうどもんるいじゅしょう》』に、

しかるに本願力《ほんがんりき》の回向に二種の相《そう》あり。一つには往相、二つには還相なり。往相について大《だい》行《ぎょう》あり、また浄信《じょうしん》あり。（『註釈版聖典』四七八頁）

と言われているように、「浄土真宗」とは、「往相」「還相」という二種の回向があり、往相の回向に、教・行・信・証という四法《しほう》を持つ、「二回向四法」という体系からなる「本願力回向の宗教」なのです。

また『正像末和讃』に、

南無阿弥陀仏の回向の
恩徳広大不思議《おんどくこうだいふしぎ》にて

往相回向の利益《りやく》には
還相回向に回入《えにゅう》せり

（『註釈版聖典』六〇九頁）

と言われているように、「南無阿弥陀仏」から往相・還相の二種回向を開かれています。これらによって、「浄土真宗」と「本願力回向」と「南無阿弥陀仏」とは、同じ一つのものがらであることがわかります。

すなわち「浄土真宗」とは、「浄土」より顕れ、「浄土」に帰《き》する教えを、「宗名《しゅうみょう》」として表されたものであり、「本願力回向」とは、この教えが「本願力」によって「回向」されたものであるという、教えの「特色」を一言《ひとこと》で表されたものであり、また「南無阿弥陀仏」とは、その本願力回向という教えが具体的に顕れたすがたなのです。

そのような具体的な内容を持った阿弥陀仏の救済活動を、親鸞聖人は「往相（往生浄土の相）」と「還相（還来穢国《げんらいえこく》の相）」という二種の回向としてあらわされました。

「還相」については、後にあらためて詳しくお話ししますので、次に、「往相」の四法について、簡略にお話ししておきたいと思います。

第三節　往相の四法（教・行・信・証）

「往相」とは、衆生《しゅじょう》往生の因果である教・行・信・証の四法を指し、その四法の中、行・信は「往生の因《いん》」であり、証は「往生の果《か》」です。この往生の因果をあらわし示すものが教、すなわち『大無量寿経《だいむりょうじゅきょう》』（大経《だいきょう》）です。すなわち、教は「能詮《のうせん》の言教《ごんきょう》（法義を説く言葉）」であり、行・信・証は「所詮《しょせん》の法義（教えによって説かれた法義）」です。

まず、「教」とは「教文類」のはじめに、

それ真実の教を顕さば、すなはち『大無量寿経』これなり。

（『註釈版聖典』一三五頁）

と言われているように、『大経』を指しています。

次に、「行」とは「行文類」のはじめに、

大行とは、すなはち無礙光如来《むげこうにょらい》の名《みな》を称《しょう》するなり。

（『註釈版聖典』一四一頁）

と言われているように、衆生の称名となって躍動《やくどう》している、本願の名号《みょうごう》を指します。

また、「信」とは「信文類」に、

まことに知《し》んぬ、疑蓋間雑《ぎがいけんぞう》なきがゆゑに、これを信楽《しんぎょう》と名《な》づく。

（『註釈版聖典』二三一頁）

等と言われているように、本願を疑いなく聞信《もんしん》する無疑信順《むぎしんじゅん》の心を指します。

また、「証」とは「証文類」のはじめに、

つつしんで真実の証を顕さば、すなはちこれ利他円満《りたえんまん》の妙位《みょうい》、無上涅槃《むじょうねはん》の極果《ごくか》なり。

（『註釈版聖典』三〇七頁）

と言われているように、「往生即成仏《じょうぶつ》」の仏果《ぶっか》を指します。

第九章　真実教

第一節　「真実教」とは

さて、「教」という言葉の意味は、古来「暁諭《ぎょうゆ》の義」と言われるように、教え諭《さと》すことです。『法華玄義《ほっけげんぎ》』に「教とは聖人下《しょうにんしも》に被《かむら》しむる言《ごん》なり」と言われるように、仏教では正智《しょうち》を開いた聖《しょう》者《じゃ》が、迷える人々を導き諭す言葉を「教」と言うのです。いま親鸞聖人は、お釈迦さまの教えを指して「教」と言われています。

しかも、浄土三部経《さんぶきょう》の中で『大経』のみを「真実教」と定められたのは、法然聖人が『西方指南抄』巻上（末）「法然聖人御説法事《ごせっぽうじ》」において『大経』について、

「浄土三部経《じゃうどさむぶ》」の中《なか》には、この『経《きゃう》』を根本《こんぽん》とするなり。（『浄土真宗聖典全書』三、八九五頁）

と言われたことを承《う》けておられるのです。

さらに、親鸞聖人は『大経』上巻に、

如来、無蓋《むがい》の大悲《だいひ》をもつて三界《さんがい》を矜哀《こうあい》したまふ。世《よ》に出興《しゅっこう》するゆゑは、道教《どうきょう》を光闡《こうせん》して、群萌《ぐんもう》を拯《すく》ひ恵《めぐ》むに真実の利《り》をもつてせんと欲《おぼ》してなり。（『註釈版聖典』九頁）

と説かれているように、お釈迦さまがみずから「私は一切の群萌に真実の利益《りやく》（本願の名号）を恵み与えるために、この世に生まれてきた」と述べておられますから、『大経』をもって「真実教」とされたのです。

なお、『大経』を説かれたのはお釈迦さまではありますが、お釈迦さまにこの経を説かせたのは、阿弥陀仏の第十七願力《しちがんりき》であると、親鸞聖人はご覧になっているのです。すなわち『大経』上巻の第十七願に、

たとひわれ仏《ぶつ》を得《え》たらんに、十方《じっぽう》世界の無量《むりょう》の諸仏《しょぶつ》、ことごとく咨嗟《ししゃ》して、わが名《な》を称《しょう》せずは、正覚《しょうがく》を取《と》らじ。（『註釈版聖典』一八頁）

と誓われているのに応じて、この世界に出現されたお釈迦さまが、本願名号のいわれを開説されたのが『大経』なのです。つまり、お釈迦さまが『大経』を説かれていること自体が、阿弥陀仏の本願力のはたらきなのですから、「真実教」もまた本願力回向の法であると言われるのです。

親鸞聖人が『教行信証』「教文類《きょうもんるい》」に、この『大経』の法義をまとめて、

ここをもつて如来の本願を説きて経の宗致《しゅうち》とす、すなはち仏《ぶつ》の名号《みょうごう》をもつて経の体とするなり。

（『註釈版聖典』一三五頁）

と言われているように、『大経』とは、その体《たい》を言えば名号であり、この名号のいわれを本願をもって開説されたものであるとご覧になっています。言い換《か》えれば、「真実教」である『大経』とは、「本願の名号」を開説する経であり、次の『教行信証』「行文類《ぎょうもんるい》」の「正信偈《しょうしんげ》」には、これを「行」の体として、「本願名号正定業《しょうじょうごう》」とあらわされているのです。

第二節　取願立法（五願開示）

ところで、『教行信証』には「行文類」以下、各巻のはじめに願《がん》が標挙《ひょうこ》されています。すなわち「行文類」のはじめには第十七願、「信文類《しんもんるい》」のはじめには第十八願、「証文類《しょうもんるい》」のはじめには第十一願、また「証文類」の中に明かされる還相回向釈《げんそうえこうしゃく》のはじめには第二十二願、「真仏土文類《しんぶつどもんるい》」のはじめには第十二願、第十三願がそれぞれ挙《あ》げられています。このように願を挙げて、その願によってそこに誓われている法義を開顕《かいけん》するという体裁《ていさい》であらわされているのが『教行信証』です。このように、願によって法義を立てることを「取願立法《しゅがんりっぽう》」と言い習わしています。

法然聖人は、第十八願一つで「念仏往生」という法義をあらわされましたが、親鸞聖人は一つの第十八願を、第十七願・第十八願・第十一願・第十二願・第十三願の五願に展開し、教・行・信・証・真仏・真土の六法をもって「本願力回向」という法義をあらわされました。これを「五《ご》願開示《がんかいじ》」と呼びます。「浄土真宗」とは「選択《せんじゃく》本願」と呼ばれる第十八願の法義のことですが、その第十八願を開けば、教・行・信・証・真仏・真土の五願六法（還相を加えると六願七法）となることを詳しく述べていくのが『教行信証』なのです。

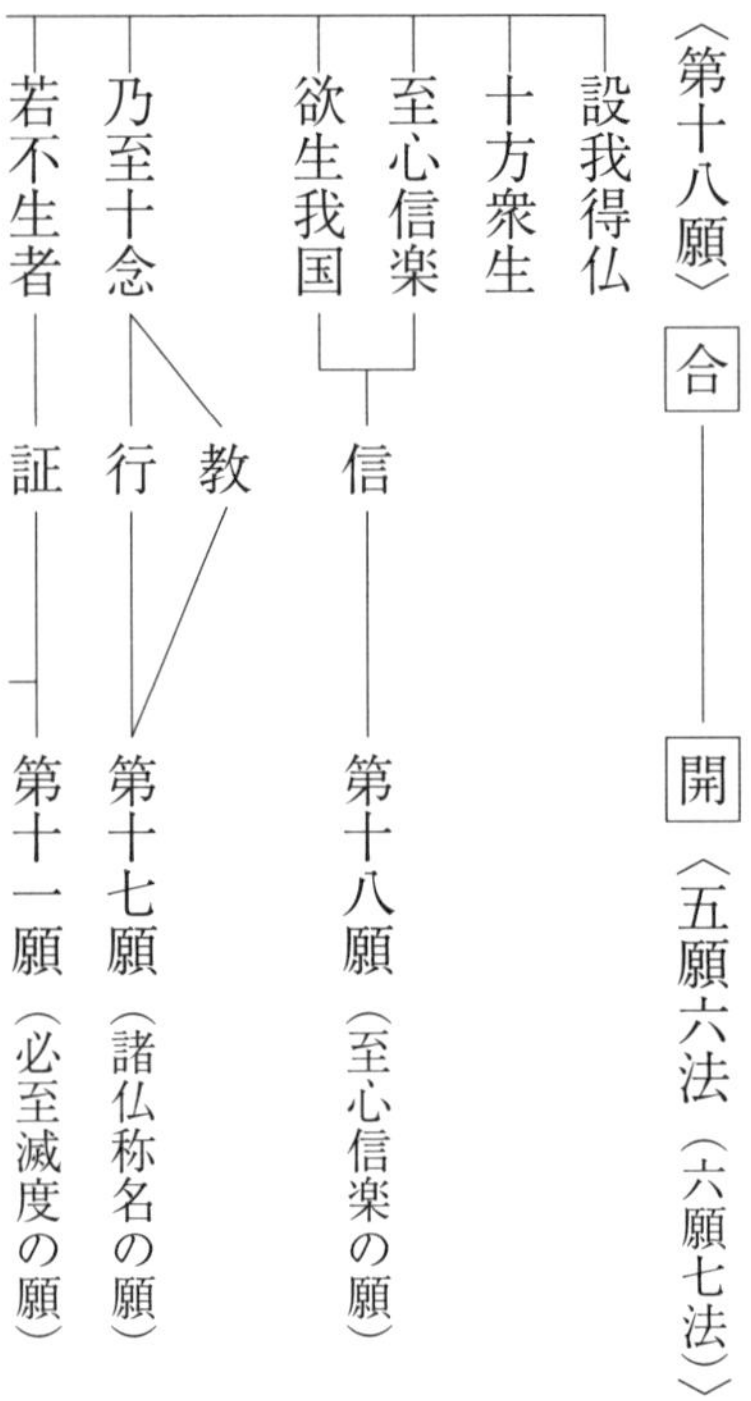

第二十二願（還相回向の願）

不取正覚
- 真仏 ― 第十二願（光明無量の願）
- 真土 ― 第十三願（寿命無量の願）

第十章　真実行

第一節　念仏より行信を開く

親鸞聖人が『教行信証《きょうぎょうしんしょう》』を著《あらわ》された目的の一つは、真実の行信を明らかにするためでした。まず『教行信証』「総序《そうじょ》」の文《もん》に、

穢《え》を捨《す》て浄《じょう》を欣《ねが》ひ、行に迷《まど》ひ信に惑《まど》ひ、心昏《こころくら》く識寡《さとりすく》なく、悪重《あくおも》く障多《さわりおお》きもの、ことに如来《にょらい》（釈尊《しゃくそん》）の発遣《はっけん》を仰《あお》ぎ、かならず最勝《さいしょう》の直道《じきどう》に帰《き》して、もつぱらこの行に奉《つか》へ、ただこの信を崇《あが》めよ。（『註釈版聖典』一三一～一三二頁）

とあるように、穢土《えど》（生死流転《しょうじるてん》の世界）を厭《いと》い、浄土（さとりの世界）を欣いながら、行に迷い信に惑うている者は、如来の発遣、すなわち『大無量寿経《だいむりょうじゅきょう》』（大経）の教説を仰いで、お釈迦さまが勧《すす》められている真実の行に奉え、信を崇めよと、ただ真実の行信に帰《き》すべきであると言われてい

ます。

そして、「たまたま行信を獲《え》ば、遠《とお》く宿縁《しゅくえん》を慶《よろこ》べ」と、遇《あ》いがたき教えに遇い、真実の行信を獲たことを慶ばれ、「ここをもつて聞くところを慶び、獲《う》るところを嘆《たん》ずるなりと」と、聞き獲た教えである真実の行信を詳《くわ》しくあらわすために『教行信証』を著《あらわ》すのである、と述べておられます。

さらに、『教行信証』「行文類《ぎょうもんるい》」の終わりには「正信念仏偈《しょうしんねんぶつげ》」(正信偈)が説かれていますが、その序分《じょぶん》とも言うべき偈前《ぜん》の文に、

おほよそ誓願《せいがん》について真実の行信あり、また方便の行信あり。その真実の行の願は、諸仏《しょぶつ》称名《しょうみょう》の願(第十七願)なり。その真実の信の願は、至心信楽《ししんしんぎょう》の願(第十八願)なり。これすなはち選択《せんじゃく》本願の行信なり。

(『註釈版聖典』二〇二頁)

と、偈《げ》(うた)をもって真実の行信を讃嘆《さんだん》したものが「正信念仏偈」であると言われています。その「正信念仏偈」には『教行信証』にあらわされた法義がすべて要約されている、ということろから見ても、『教行信証』の中核は「行信」にあることがわかります。

親鸞聖人の師であった法然《ほうねん》聖人は、真実教である『大無量寿経』の法義を一つの第十八願に集約して『選択集《せんじゃくしゅう》』を著して、「念仏往生」という法義を明らかにされました。その「念仏往生」

という法義を正しく伝えるために、第十八願を真実の五願に開き、六法《ろっぽう》（教・行・信・証・真仏《しんぶつ》・真土《しんど》）をもって「本願力回向《えこう》」という救済体系をあらわしたのが、親鸞聖人が著された『教行信証』でした。したがって『教行信証』は、法然聖人が明らかにされた「念仏往生」という教えの内容を詳《つまび》らかにされた書物である、というほかはありません。

すなわち、「念仏往生」という教えの因である「念仏」を、「所称《しょしょう》の法体《ほったい》」と「能称《のうしょう》の心」に分け、「所称の法体（称えられている名号）」である「南無阿弥陀仏」を「大行《だいぎょう》」と呼び、「能称の心（名号を称える心）」である「無疑信順《むぎしんじゅん》の心」を「大信《だいしん》」と呼ぶというように、一つの念仏を行と信に開かれました。そして、「行信」の因によって得られる果である「往生」を、「往生即成仏《そくじょうぶつ》」という「証」としてあらわしていかれたのが『教行信証』の法義なのです。

第二節　第十七願による如来回向の行

「諸仏称名の願」とは

さて、『教行信証』「行文類」のはじめに、

諸仏《しょぶつ》称名の願　　浄土真実の行
選択本願の行　（『註釈版聖典』一四〇頁）

と言われています。これを「標願《ひょうがん》」「細註《さいちゅう》」と呼び習わしています。まず、標願に「諸仏称名の願」と示されているのは、この行が第十七願によって回向されたものであることをあらわしています。『大経』上巻に、

たとひわれ仏を得《え》たらんに、十方《じっぽう》世界の無量《むりょう》の諸仏、ことごとく咨嗟《ししゃ》して、わが名《な》を称《しょう》せずは、正覚《しょうがく》を取《と》らじ。　（『註釈版聖典』一八頁）

と説かれているように、第十七願とは、十方の無量の諸仏に、「南無阿弥陀仏」という名号のいわれを讃嘆させて、十方の衆生《しゅじょう》に聞かしめようと誓われた願です。したがって、この第十七願は諸仏の「教」を誓ったことになります。先に「真実教」は第十七願の回向成就《じょうじゅ》したすがたであるとお話ししたのは、そのためでした。

しかし、いま親鸞聖人が「第十七願によって行が回向されている」と言われるのは、諸仏によって讃嘆されている「名号」、すなわち「南無阿弥陀仏」をただちにおさえて、これが「行」の体《たい》（ものがら）であると見られたからであるとしなければなりません。

それでは、なぜ親鸞聖人は「南無阿弥陀仏」という名号を、「行」とご覧になったのでしょう

か。それは『大経』上巻の法蔵修行《ほうぞうしゅぎょう》の段に、

大荘厳《だいしょうごん》をもつて衆行《しゅぎょう》を具足《ぐそく》し、もろもろの衆生をして功徳《くどく》を成就せしむ。

（『註釈版聖典』二六～二七頁）

とあるように、法蔵菩薩《ぼさつ》の行徳《ぎょうとく》は、願も行もない衆生に施《ほどこ》し与え、衆生の行徳となるように成就されたと説かれているからです。

つまり、阿弥陀仏は法蔵という名（因名《いんみょう》）の菩薩であったとき、五劫《ごこう》に思惟《しゆい》して四十八《しじゅうはち》の大願《だいがん》を建て、兆載永劫《ちょうさいようごう》にわたって、六度《ろくど》（六波羅蜜《ろっぱらみつ》＝布施《ふせ》・持戒《じかい》・忍辱《にんにく》・精進《しょうじん》・禅定《ぜんじょう》・智慧《ちえ》）万行《まんぎょう》を修《しゅ》し、この願と行を成就して「阿弥陀仏」という名（果名《かみょう》）の仏になられました。その名号「南無阿弥陀仏」には、阿弥陀仏の因位《いんに》の願と行の徳がことごとくおさめられているのです。

したがって、親鸞聖人が「第十七願によって行が回向されている」と言われたのは、「諸仏によって讃嘆されている名号」は、これを衆生が領受《りょうじゅ》して称《とな》えるところに、法蔵菩薩が修された願行の徳が衆生の身につき、往生成仏の因となるように仕上げられている、ということをあらわしているのです。

「浄土真実の行」「選択本願の行」とは

次に、細註に「浄土真実の行」と言われているのは、自力の諸行《しょぎょう》や自力念仏が「権仮《ごんけ》方便の行」であるのに対して、第十七願に誓われている行（諸仏に讃嘆されている名号を称えること）こそ「究極の真実行」であり、妄念《もうねん》煩悩のまじわらない「無上功徳の法」であることをあらわしています。

また「選択本願の行」とは、この行が、法蔵菩薩が平等の大慈悲心《だいじひしん》に促《うなが》され、すべての衆生を善悪・賢愚《けんぐ》のへだてなく救おうという本願を発《おこ》されるとき、一切の自力の行を選び捨て、ただ称名念仏一行《いちぎょう》を「決定《けつじょう》往生の行」として選び取られた、「本願の行」であることをあらわしています。

第三節　大行名体（大行の名義と体）

大行の体（ものがら）

さて、親鸞聖人は「行文類」のはじめに、

つつしんで往相の回向を案《あん》ずるに、大行あり、大信あり。

（『註釈版聖典』一四一頁）

と、往相の回向に大行・大信があると示され、続けて大行の体（ものがら）について、

大行とはすなはち無碍光如来《むげこうにょらい》の名《みな》を称《しょう》するなり。（『註釈版聖典』一四一頁）

と言われています。親鸞聖人が『教行信証』を著されたのは、法然聖人の「念仏往生」という教えを詳らかにするためであったということから考えると、「無碍光如来の名を称するなり」というのは、「称名」のことを指していると見るべきでしょう。

ただし、注目しておかなければならないのは、ここで親鸞聖人が「称名」のことを漢文で表記したとき、「称南無阿弥陀仏」ではなく、「称無碍光如来名」と言われているということです。すなわち、「大行」と呼ばれる「称名」とは、「本願成就の名号」が衆生に回向されたものであるとともに、「無碍光如来」という名義《みょうぎ》（名号のいわれ）があらわすとおり、衆生のいかなる煩悩をも障《さわ》りとせず、「衆生の無明《むみょう》の闇《あん》を破《は》し、往生の志願《しがん》を満たす」ように、衆生の称名となって躍動《やくどう》している「阿弥陀仏の救済活動のすがた」である、ということをあらわそうとされているのです。

つまり、親鸞聖人は、「称名」とは衆生が名号を口に称えることですが、「真実行」である「名号のいわれにかなった称名」は、衆生に称名念仏せしめて、浄土に迎え取ろうとしている阿弥陀仏の救済活動の現れであるとご覧になり、このような「如来行」のことを「大行」と呼ばれたの

です。

大行の名義（いわれ）

次に、「行文類」には、先の文に続いて、

この行はすなはちこれもろもろの善法《ぜんぼう》を摂《せっ》し、もろもろの徳本《とくほん》を具《ぐ》せり。極速円満《ごくそくえんまん》す、真如《しんにょ》一実《いちじつ》の功徳宝海《くどくほうかい》なり。ゆゑに大行と名《な》づく。（『註釈版聖典』一四一頁）

と言われています。仏教では「大行」の「大（摩訶《まか》）」に、「大《だい》」「多《た》」「勝《しょう》」の三義があると言われています。「大」とは「包含《ほうがん》」の意味で、あらゆる功徳を包含しているということであり、「多」とは、「無量無数《むりょうむしゅ》」の意味で、無量無数の徳を持っていることを言い、「勝」とは、「殊勝《しゅしょう》」「最勝《さいしょう》」の意味で、最も勝《すぐ》れた徳を持つということです。

要するに、この行は広大無辺《こうだいむへん》で、無量の功徳を包含しており、最も勝れた行であるというので、「大行」と呼ばれたのです。親鸞聖人が、「本願の名号」のことを、「万行円備《えんび》の嘉号《かごう》」とか「この嘉名《かみょう》は、万善《まんぜん》円備せり」と言われているのは、「大行」と呼ばれる「本願の名号」には、広大無辺の徳がおさまっているからでした。

第四節　称名は「讃嘆行」

ところで、如実《にょじつ》の称名は、称《とな》えられる名号の徳（法徳《ほっとく》）から言えば「讃嘆行」、あるいは「正定業《しょうじょうごう》」と言われ、一方、称える衆生の心持ちから言えば、「報恩行」とされます。如実の称名が「讃嘆行」であると言われたのは曇鸞大師《どんらんだいし》でした。曇鸞大師は『往生論註《ろんちゅう》』下巻（『註釈版聖典七祖篇』一〇三頁）に、阿弥陀仏を讃嘆するとは「無礙光如来の名を称する」ことであるとし、この如来の光明智相《ちそう》にかない、名号のいわれにかなって称えることが、如実の称名であると言われました。さらに、「尽十方《じんじっぽう》無礙光如来」とは、阿弥陀仏の智慧《ちえ》の相《そう》を「光」で表す名号であり、その名号は「衆生の無明の闇を破し（破闇《はあん》）、衆生の往生の志願を満たす（満願《まんがん》）」という徳を持つことを明らかにしてくださったのです。

したがって、「帰命《きみょう》尽十方無礙光如来」と称えることとは、「十方世界を尽《つ》くして、あらゆる衆生を平等に救う、絶対無限の救済力を持った、悲智《ひち》円満の如来に帰命します」と、阿弥陀仏に帰依《きえ》し、その徳を讃《たた》えることになりますから、「讃嘆行」であると言われたのです。

曇鸞大師の意を承《う》けて、親鸞聖人が名号のいわれにかなった称名を「讃嘆行」とされたのは、それが第十七願に誓われた「諸仏讃嘆の名号」を聞信《もんしん》し、その名号のいわれのままに称名していることであり、諸仏が阿弥陀仏を讃嘆することと同じ意義を持っている、とご覧になったからでした。

たとえば『尊号真像銘文《そんごうしんぞうめいもん》』には、

> 「称仏六字《しょうぶつろくじ》」といふは、南無阿弥陀仏《なもあみだぶつ》の六字《ろくじ》をとなふるとなり。「即嘆仏《そくたんぶつ》」といふは、すなはち南無阿弥陀仏をとなふるは、仏《ぶつ》をほめたてまつるになるとなり。（『註釈版聖典』六五五頁）

とあります。ここに「ほめたてまつるなり」ではなく、「ほめたてまつるになるとなり」という言い方をされていることが、まさしくその意をあらわしています。

私たち凡夫《ぼんぶ》は、仏さまの徳をほめつくせるほどの確かな智慧を持ち合わせてはいません。しかし、「南無阿弥陀仏」の六字に阿弥陀仏の徳のすべてがこもっていますから、名号のいわれにかなって仏名《ぶつみょう》を称えることは、「阿弥陀仏をほめることになる」と言われているのです。

第五節　称名は「正定業」

このように、衆生を往生成仏せしめる徳を持つ名号を頂いて、その名号を口に称えているのが称名ですから、称名は「讃嘆行」であると同時に、称名している人を「正《まさ》しく往生することに決《けつ》定《じょう》せしめる業因《ごういん》」という意味で、「正定業」でもあるのです。それを明確にあらわされたのが善《ぜん》導《どう》大師でした。

善導大師は『観経疏《かんぎょうしょ》』「散善義《さんぜんぎ》」の深信釈《じんしんしゃく》、就行立信釈（『註釈版聖典七祖篇』四六三頁）において、経典《きょうてん》に説かれたさまざまな行の中で、どの行が正《まさ》しき往生行であるかを判別する釈を施し、「行について信を立てる」とは、「称名こそ正しき往生決定の業」と心に決めることである、と言われています。

まずはじめに、往生のための行を「雑行《ぞうぎょう》」と「正行《しょうぎょう》」に判別されます。「雑行」とは、もともと、この土《ど》でさとりを開くことを目指す聖道門《しょうどうもん》において修すべき諸善《しょぜん》万行を、往生浄土のために転用した行のことでした。

この行は、本来の往生行ではありませんから、往生浄土を目的とする行としては「邪雑《じゃぞう》の行」と言わねばならず、それは諸善万行を修する「雑多な行」であり、さまざまな行をまじえる「間《けん》雑の行」であるということから、これを「雑行」とされました。

それに対して、往生経（浄土三部経）に説かれた行は、阿弥陀仏や極楽を対象とした、往生浄土の「正当な行」であるというので、これを「正行」とされたのです。

「正行」と呼ばれる行の中には、一つには浄土三部経を読誦《どくじゅ》する、二つには阿弥陀仏および浄土を観察《かんざつ》する、三つには阿弥陀仏を礼拝《らいはい》する、四つには阿弥陀仏の名を称える、五つには阿弥陀仏の徳を讃嘆《さんだん》し供養《くよう》する、という五つの正行があります。

これらの五つの正行の中で、第四の称名は阿弥陀仏の本願（第十八願）に誓われた行ですから、称名することは本願に順《したが》うことになります。そこで、称名を「正定業」とし、他の四つの行は称名に随伴《ずいはん》していく「助業《じょごう》（助伴《じょばん》の業）」とされました。

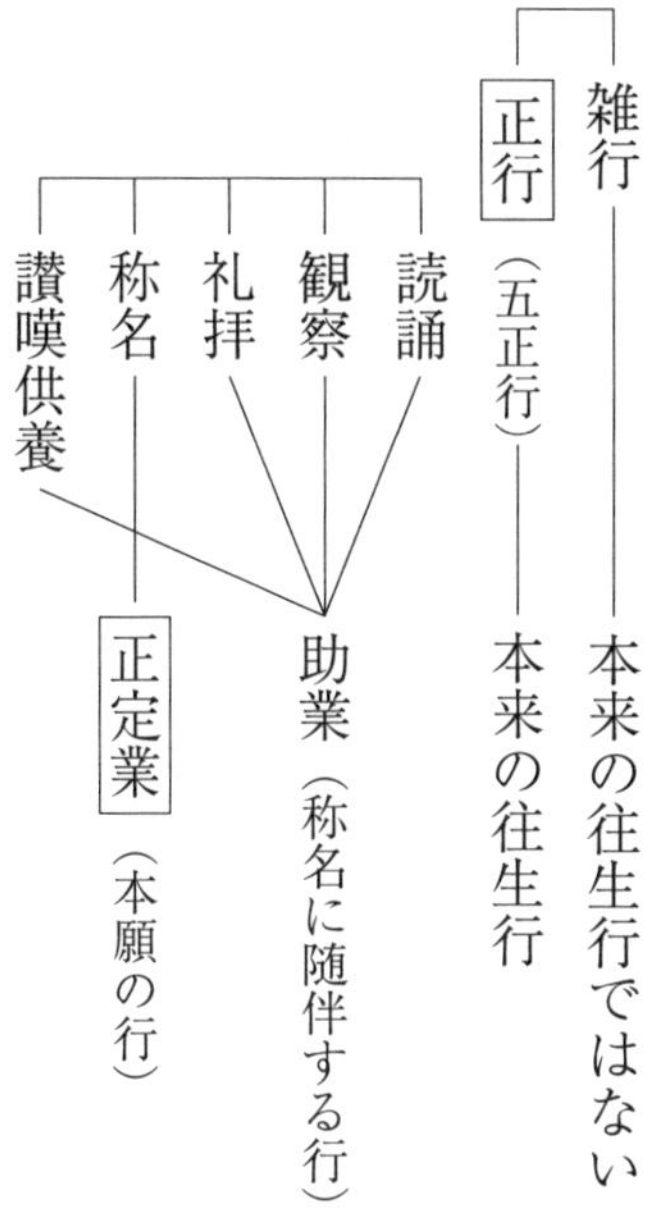

こうして、雑行は往生の行としては信ずるに足らないものであるから、これを捨てて正行を行ぜよと勧《すす》め、五つの正行の中、本願に誓われた称名のみを正定業とし、前三後一《ぜんさんごいち》の行は助業とするというように、往生決定の行業について価値判断を行われたのです。これを「称名正定業説」と言います。

法然聖人は、善導大師の「称名正定業説」によって浄土教に帰入《きにゅう》され、阿弥陀仏は本願に諸行を選び捨て、ただ念仏一行《いちぎょう》を選び取って決定往生の行とされていることから、この念仏を「選択本願念仏」と名づけられました。

第六節　名号のひとりばたらき

親鸞聖人はこれらの説を統合し、名号を称えるところには、一つには、名号の持つ破闇満願の徳によって、衆生の無明の闇《やみ》が破《やぶ》られ、往生の志願が満たされるのであり、二つには、阿弥陀仏はそのような広大な徳を持つ名号を、本願に選択して与えてくださるのですから、それを頂いて称える称名は「最も勝《すぐ》れた、正しく往生成仏が決定する行業である」と言われています。つまり、往生決定は名号のひとりばたらきによるものだったのです。

親鸞聖人が「称名は正定業である」と言われるとき、その称名は、名号を称えるそのままが、称える側には全く功《こう》を見ず、ただ名号の徳に帰《き》しているすがたである、ということでした。「正信偈」に「本願名号正定業」（『註釈版聖典』二〇三頁）と言われているのも、「称名正定業」とは、そのまま「名号正定業」ということをあらわしているからでした。

第七節　称名は「報恩行」

ところで、浄土真宗には称名の意義を語るについて、「称名は往生の正定業である」とする見方がある一方、「称名は報恩《ほうおん》の営《いとな》みであって、往生の業因とはしない」とする見方もあります。

これは、親鸞聖人が「正信偈」に、

弥陀仏《みだぶつ》の本願《ほんがん》を憶念《おくねん》すれば、自然《じねん》に即《そく》の時必定《ときひつじょう》に入《い》る。ただよくつねに如来《にょらい》の号《みな》を称《しょう》して、大悲弘誓《だいひぐぜい》の恩《おん》を報《ほう》ずべしといへり。

（『註釈版聖典』二〇五頁）

と言われたことに始まり、覚如上人《かくにょしょうにん》（一二七〇～一三五一）の『口伝鈔《くでんしょう》』を通して、蓮如《れんにょ》上人の『御文章《ごぶんしょう》』において強調される、いわゆる「信心正因《しょういん》、称名報恩」という法義を語る場合です。

これは、「信一念」という「往生決定の時」をおさえて、信心と称名を時間的な前後で語る立場です。往生成仏の業因である本願の名号を領受した「信の一念」に、往生の因は満足しますから、その後の称名は往因満足の後《のち》の行ということになります。したがって、称名は往生の因と見なすべきではなく、お救いくださる如来の大悲に報謝する「報恩の営み」である、と言うのです。

『領解文《りょうげもん》』に、

たのむ一念《いちねん》のとき、往生一定《いちじょう》御《おん》たすけ治定《じじょう》と存《ぞん》じ、このうへの称名は、御恩報謝《ごおんほうしゃ》と存《ぞん》じよろこびまうし候《そうろ》ふ。（『註釈版聖典』一二二七頁）

と言われているのがこの立場です。

つまり、如実の称名の体徳《たいとく》を語るときは「正定業である」と言い、その名号を頂いて称えている念仏者の心持ちを語るときは「報恩のほかにない」と言うのです。したがって、「称名は正定業である」ということと、「称名は報恩行である」ということは矛盾《むじゅん》するものではありません。称名は正定業であると同時に報恩行であり、報恩行であると同時に正定業でもあるのです。

なお、称名が「報恩」という意義を持つのは、一つには、如実の称名は阿弥陀仏の徳を讃嘆することになるからであり、二つには、広大な仏徳を讃嘆することは、おのずから、その仏徳を人々に伝える、という意義があるからです。

本来、凡夫が凡夫を教化《きょうけ》するということは不可能です。しかし、己《おのれ》を空《むな》しくして仏の名を称え、仏徳を讃嘆するならば、讃嘆されている仏徳が聞く人々を教化していくことになる、ということなのです。つまり、名号のいわれにかなってその名を称えることは、如来の衆生教化のはたらきの一端《いったん》に加わっていることにもなりますから、称名していることが如来の恩に報《むく》いていることになる、と言われるのです。

第八節　六字釈

念仏別時意説を論破するために

浄土真宗では、「南無阿弥陀仏」という六字の名号にこめられた意味を領解するのに、古来「六字釈《ろくじしゃく》」という釈がされています。そもそも「六字釈」は、善導大師が『観経疏《かんぎょうしょ》』「玄義分《げんぎぶん》」において、念仏別時意《べつじい》説を論破《ろんぱ》するために行われたのが始まりです。

善導大師ご在世当時、『摂《しょう》大乗論』を研究する摂論《しょうろん》学派と呼ばれる人々が、仏教界に大きな影響力を持っていました。その『摂大乗論』には、仏や菩薩は仏教に関心を寄せない人々を仏道に導くために、「四意趣《しいしゅ》」と呼ばれる方便（教育的手段）を用いると説かれています。その一つが、怠《なま》け者を励ますために、別時（ずっと後の時）に得る利益《りやく》を、まるで今すぐ得ることができるかのような説き方をされる「別時意（趣《しゅ》）」でした。

摂論学派の人々は、これを『観無量寿経《かんむりょうじゅきょう》』（観経）に説かれた下々品《げげぼん》の念仏に適用したのです。下々品の念仏は、一生の間、悪業《あくごう》を造《つく》り続け、一つも善をなさなかった人が、臨終まぎわになって「阿弥陀仏さま、お助けください」と、ただ救われることを願っただけで行が具《そな》わっていない。つまり「唯願無行《ゆいがんむぎょう》」である。だから、ただ念仏するだけで往生するというのは別時意方便説である、と主張しました。これによって念仏はまたたく間に衰微《すいび》していったのです。

摂論学派の人々にとって、浄土とは「心浄《こころきよ》ければ、土《ど》もまた浄《きよ》し」と言われるように、修行の功徳力《くどくりき》で得た浄らかな心によって感得する、さとりの境地のことでした。ですから、凡夫が行ずるような程度の低い行によって浄土に往生できるはずはない。ましてや、行と呼ぶ資格もない下々品の人が口に称える念仏によって浄土に往生すると説く教えは「別時意方便説」である、と主張したのも無理からぬことでした。

それに対して善導大師は、『観経』の教説は『大無量寿経』（大経）に説かれた本願の意によって領解すべきであると考えられました。それゆえ、まず阿弥陀仏の浄土は法蔵菩薩がすべての人々を安らぎの世界に導こうと願われ、その願いを満たすべく修された行徳に報いて成就した

「因願酬報《いんがんしゅうほう》の土」であり、さらに称名念仏は阿弥陀仏が本願に誓われた、往生決定の業因（正定業）であるとお領解されました。

こうして、『観経』下々品に説かれた念仏往生の教えは、一生造悪《いっしょうぞうあく》の凡夫をも浄土（報土《ほうど》）に往生せしめる、阿弥陀仏の本願力（救済力）を説かれたものであると言われ、「凡夫入報土《にっぽうど》」という浄土教の立場を確立していかれたのです。

善導大師の六字釈（願行具足）

とはいえ、懐感禅師《えかんぜんじ》（七世紀頃、生没年不詳）の『群疑論《ぐんぎろん》』によると、摂論学派の人々が主張した「念仏別時意説」によって、念仏を称える人がなくなってしまったと書かれています。そのような状況を打破するためには、摂論学派の人々の主張を論破する必要がありました。

もっとも、無著《むじゃく》菩薩（生没年不詳、天親《てんじん》菩薩の兄）の『摂大乗論』や天親菩薩の『摂大乗論釈』に説かれている「別時意趣」そのものが問題なのではありません。「往生別時意」の根拠となる「唯願無行」ということを、『観経』下々品の念仏往生の教説に適用し、「念仏別時意説」を主張したことが問題だったのです。

そこで善導大師は、摂論家の人々が『観経』の下々品の念仏が「唯願無行」であると主張したことに対して、「南無阿弥陀仏」という名号六字の中に、願も行も具足《ぐそく》しているということを見出すことにより、これを論破されたのです。これが善導大師の六字釈でした。「玄義分」には、

> いまこの『観経』のなかの十声《じっしょう》の称仏《しょうぶつ》は、すなはち十願十行《じゅうがんじゅうぎょう》ありて具足す。いかんが具足する。「南無」といふはすなはちこれ帰命《きみょう》なり、またこれ発願回向《ほつがんえこう》の義《ぎ》なり。「阿弥陀仏」といふはすなはちこれその行なり。この義《ぎ》をもつてのゆゑにかならず往生を得《う》。
>
> （『註釈版聖典七祖篇』三二五頁）

とあります。

まず、「南無」の二字は「帰命」と意訳される言葉ですが、「帰命」とは、もともと如来の教《きょう》命《みょう》（仰せ）に帰順《きじゅん》する信心のことでした。いま、善導大師が「帰命」には「発願回向」の意味があると言われたのは、「必ず浄土に生まれさせる」という如来の仰せにしたがう信心には、「必ず浄土に生まれることができる」という決定要期《ようご》の思いがあるからでした。この「浄土を期する心」を「発願回向」と言われたのです。これによって、「南無」の二字には「願」の意味があることがわかります。

次に、「阿弥陀仏」の四字には「行」の意味があると言われました。なぜなら、阿弥陀仏は本願において「我が名を称える者を浄土に迎え取ろう」と誓われ、名を称えることを「往生決定の

業因（正定業）」とされているからです。

こうして、「南無阿弥陀仏」という六字には、願と行の意味を具《そな》えているから、「南無阿弥陀仏」と称える者は、願行具足して必ず往生を得ると言われたのです。

親鸞聖人の六字釈（六字の三義）

親鸞聖人は善導大師の六字釈を承けながら、『教行信証』「行文類」（『註釈版聖典』一七〇頁）に、「帰命」と「発願回向」と「即是其行《そくぜごぎょう》」の三つの語に寄せて、「南無阿弥陀仏」という名号の持つ徳義《とくぎ》（いわれ）をあらわされました。このような釈し方を「寄字顕義《きじけんぎ》」と言い習わしています。

まず、「帰命」とは本来「命《めい》に帰《き》す」と読む言葉で、「如来の勅命《ちょくめい》に信順する」という信心を表す言葉ですが、親鸞聖人は、独特な字訓を施して、「帰命」を「帰せよの命」と読まれ、その信心とは「如来の勅命を領受するほかにはない」ということをあらわされたのです。

その字訓とは、「帰命」の「帰」は「至（いたる）」の意であり、さらに「帰説《きせつ》」と熟語し、「説」の字を「えつ」と読むときは「悦（よろこび）」の意であり、「帰説《えつ》」の字に「よりたのむなり」という左訓を施されています。また「説」の字を「さい」と読むときは「税（ここでは休息《きゅうそく》のこと）」の意であり、「帰説《きさい》」の字に「よりかかるなり」と左訓されています。そして、「悦」と

「税」の字を合わせて、「悦税」の二つの音には「告げる」「述べる」「人の意を宣述する」という意味があると言われています。また「命」には「業《ごう》」「招引《しょういん》」「使《し》」「道《どう》」「信《しん》」「計《はからう》」「召《めす》」の意があるとし、これらの釈を合わせて、「帰命」とは「本願招喚《しょうかん》の勅命（帰せよの命）」であると言われました。先哲《せんてつ》はこれを「能回向《のうえこう》の相《そう》」をあらわした釈であると言っています。

ちなみに、親鸞聖人がこのような釈をされたのは、善導大師の「散善義」回向発願心釈に説かれた「二河白道《にがびゃくどう》の喩《たと》え」の中の、

また西の岸の上に人ありて喚《よ》ばひていはく、「なんぢ一心正念《いっしんしょうねん》にしてただちに来《きた》れ。われよくなんぢを護《まも》らん。すべて水火《すいか》の難《なん》に堕《だ》せんことを畏《おそ》れざれ」と。

（『註釈版聖典七祖篇』四六七頁）

という文《もん》によられたと思われます。

次の「発願回向」とは、もともと浄土往生を期待する衆生の願生心《がんしょうしん》のことですが、その願生心がおこるのも、「浄土に生まれさせよう」という如来の願いのほかにはないことをあらわすために、曇鸞大師の他力釈によって回向の主体を転換《てんかん》し、「発願回向」とは「如来、すでに発願《ほつがん》して衆生《しゅじょう》の行《ぎょう》を回施《えせ》せしたまふの心なり」と、阿弥陀仏の発願回向であるとされました。先哲はこれを「能回向の願心《がんしん》」をあらわした釈であると言っています。

そして「即是其行」、すなわち「阿弥陀仏が行である」というのは、衆生が名号を称えてはじめて行になるのではなくて、「如来が衆生往生の行体《ぎょうたい》となるように名号を成就されたから、名号がすなわち行なのである」ということです。それを「即是其行」とは「選択本願これなり」と、如来の名号選択によって裏づけられたのです。先哲はこれを「所回向の行体」をあらわした釈であると言っています。これは、法然聖人の釈によられたと思われます。

こうして親鸞聖人は、「南無阿弥陀仏」とは、その六字全体が「如来の勅命（能回向の相）」であり、「如来の名号を与えて救おうという願心（能回向の願心）」のあらわれであり、また、名号そのものが「衆生往生の行体（所回向の行体）」であることをあらわしているとご覧になりました。

さらに「必得往生」とは、「即得往生」や「必定」と同意で、「南無阿弥陀仏」のいわれを聞けば、ただちに「正定聚《しょうじょうじゅ》の位《くらい》」に住するという、「信一念」の義をあらわすと言われています。

また、親鸞聖人は『尊号真像銘文《そんごうしんぞうめいもん》』にも六字釈を施されています。そこには、「行文類」の六字釈に相応して、如来によって選択回向された「南無阿弥陀仏」の名号を領受して、本願招喚の勅命に帰し、浄土を願生《がんしょう》する信心がおこり、正定の業因たる名号を称える身となると言われていいます。さらに、「必得往生」の「必」を「自然《じねん》」の意とし、他力の義をあらわされています。

蓮如上人の六字釈（機法一体）

なお、蓮如上人は善導大師の釈と親鸞聖人の釈を巧《たく》みに統合し、さらに「機法《きほう》一体」という考え方も導入して、「機法一体の南無阿弥陀仏」という釈をされています。

すなわち、「南無阿弥陀仏」の六字を「南無」の二字と「阿弥陀仏」の四字に分けて、「南無（帰命）」とは「弥陀をたのむ信心」のことであり、これを「機」と呼ばれ、「阿弥陀仏」とは「必ず助ける」という如来の救いの「法」をあらわすとご覧になりました。そして「南無阿弥陀仏」とは、「たのむ機（南無）」と「たすける法（阿弥陀仏）」とが一体に成就したすがたであると言われました。

さらには「南無阿弥陀仏」の六字全体について、これを如来からいえば「我をたのめ（南無）、必ずたすける（阿弥陀仏）」という仰せ（法）をあらわしており、それを頂いた衆生の方から言えば、「必ずたすかる（阿弥陀仏）と、弥陀をたのむ（南無）」という信心（機）をあらわすとされました。すなわち、法も「南無阿弥陀仏」、機も「南無阿弥陀仏」で、本来「機法一体である」といういわれをあらわしているのが「南無阿弥陀仏」であると言われたのです。

このお心を、利井鮮妙《かがいせんみょう》師は「左文字《ひだりもじ》おさば右文字《みぎもじ》、助《たす》くるの外《ほか》に助かるこゝろやはある」と、印鑑《いんかん》の左文字を紙に押せば、右文字が現れることに喩《たと》えられています。

第十一章　真実信

第一節　第十八願の願名

親鸞聖人は『教行信証《きょうぎょうしんしょう》』「信文類《しんもんるい》」のはじめに、「至心信楽《ししんしんぎょう》の願《がん》」（『註釈版聖典』二一〇頁）と第十八願を標挙《ひょうこ》され、本文には「この心《しん》すなはちこれ念仏往生の願（第十八願）より出《い》でたり」と、真実の信心が第十八願によって回向《えこう》されたものであることを示されています。

なお「信文類」の本文には、この第十八願を、①念仏往生の願、②選択《せんじゃく》本願、③本願三心《さんしん》の願、④至心信楽の願、⑤往相《おうそう》信心の願、と名づけておられます。はじめの二つの願名《がんみょう》は、行《ぎょう》に信をおさめて念仏一つで法義を立てられた法然聖人の命名であり、後の三つの願名は、一つの念仏より行と信を開いて法義を立てられた親鸞聖人の命名です。

法然聖人は、第十八願に誓われた信心を念仏におさめ、この願は「念仏をもって往生の因《いん》とされている」ということから、「念仏往生の願」と名づけられました。また第十八願は「如来があらゆる行を選び捨て、ただ念仏一行《いちぎょう》を選び取って往生の因と定められている」ということから、「選択本願」と名づけられたのです。この二つの願名は、いずれも信心が具《そな》わった念仏をもって往生の因《いん》を語り、称名《しょうみょう》念仏を「正定業《しょうじょうごう》」とする立場です。

それに対して親鸞聖人は、第十八願に誓われたことは、信心をもって正《まさ》しく往生が定まる正因《しょういん》とし、称名はその信心から流れ出た信心の相続相《そうぞくそう》であり、救われた喜びを表すご恩報謝の営みであるとされました。これがいわゆる「信心正因、称名報恩《ほうおん》」という法義です。この立場から第十八願を見るとき、第十八願の要《かなめ》は往生浄土の正因である「至心」「信楽」「欲生《よくしょう》」の三心が誓われているところにあるということになりますから、親鸞聖人はこの願を「本願三心の願」と名づけられたのです。

次に親鸞聖人は、「至心」とは「必ず往生せしめる」という如来の真実心であり、「信楽」とはその「至心」をはからいを雑《まじ》えずに領受《りょうじゅ》することであり、「欲生」とは「信楽」におのづから具わっている「必ず往生できる」と浄土往生を願う心であるとご覧になりました。そこで「欲生」を「信楽」におさめて、第十八願は「至心を信楽することを誓った願」であるというので、「至心信楽の願」と名づけられたのです。

さらに親鸞聖人は、この三心は「信楽」一つにおさまるとご覧になりました。すなわち、信楽の体《たい》（本質）である「至心」は「信楽」におさまり、「信楽」の義から開かれる「欲生」も「信楽」におさまります。このように、信心の相を一つの心におさめて示すときは、名号《みょうごう》、すなわち如来の勅命《ちょくめい》を疑いなく領受することをあらわす「信楽」一心《いっしん》で語るのです。したがって、往相の因として第十八願に誓われたことは、その要をいえば「信楽」の一心、すなわち「信心」におさまります。そこで、第十八願は「往相の因である信心」を誓われた願であるということから、親鸞聖人はこれを「往相信心の願」と名づけられたのです。

なお、これまでにもお話ししてきましたように、『教行信証』には往相回向の因として大行《だいぎょう》・大信《だいしん》が明かされていますが、行は仏の側《がわ》（法徳《ほっとく》）から因を明かしたものであるのに対して、信はその法を領受する機《き》、すなわち衆生《しゅじょう》の側（機受《きじゅ》）から因を明かしたものなのです。

第二節　信心の名義

無疑心

さて、「信」という語には、その語に相当する原語の意味から考えると、「プラサーダ（心を浄《きよ》らかにする）」や、「アディムクティ（教えを理解する）」、あるいは「シュラッダー（崇拝する）」などの意味があります。しかし、親鸞聖人が他力真実の信心について語られるときは、それらの意味としては用いられず、①無疑心《むぎしん》、②信順《しんじゅん》、③たのむ、④真実心、という意味で用いておられるのです。

まず『教行信証』「信文類」信楽釈（『註釈版聖典』二三五頁）には、「疑蓋間雑《ぎがいけんぞう》あることなし。ゆゑに信楽と名づく」と言われ、また「信文類」字訓釈《じくんじゃく》（『註釈版聖典』二三一頁）にも「疑蓋間雑なきがゆゑに、これを信楽と名づく」と言われています。このように親鸞聖人は、「信心」とは「無疑」あるいは「疑蓋無雑《むぞう》」、すなわち「法と機の間に疑《うたが》いの蓋《ふた》が雑わっていない」という状態を「信心」と言われているのです。

「疑蓋」の「疑」とは、もともと真理を覆《おお》い隠《かく》すという意味で、「五蓋《ごがい》」と呼ばれる五つの煩悩《ぼんのう》（貪欲《とんよく》・瞋恚《しんに》・睡眠《すいめん》・掉挙《じょうこ》・疑《ぎ》）のうちの一つで、「ためらい」のことでした。しかし、親鸞聖人はこの語を転用して、「自力《じりき》のはからい」を「疑」とし、自力のはからいは真理を覆い隠すということから、これを「蓋」に喩《たと》えて「疑蓋」と言われたのです。

善悪、賢愚《けんぐ》を分けて考えることしかできない人間の相対的な分別心《ふんべつしん》（自力のはからい）をもって、善悪、賢愚を超えた絶対的な仏さまのさとりの境地をはかり知ろうとすることは、如来（仏さま）

の絶対的なお救いの心を覆い隠し、見失わせることになりますから、これを「疑蓋」と言われたのです。
親鸞聖人が「無疑」とか「疑蓋無雑」という言葉で表された「他力の真実信心」とは、このような「自力のはからい」を捨てて、仏さまの絶対不思議のお救いを、素直に領受していることを意味していました。

信順

また「無疑」とは、言い換えれば、如来の仰《おお》せに素直にしたがっていることですから、親鸞聖人は真実信心を「信順《しんじゅん》」という言葉で表されました。『尊号真像銘文《そんごうしんぞうめいもん》』には、
帰命《きみょう》は、すなはち釈迦《しゃか》・弥陀《みだ》の二尊《にそん》の勅命《ちょくめい》にしたがひて、召《め》しにかなふと申《もう》すことばなり。
(『註釈版聖典』六五六頁)
と言われています。これは『教行信証』「信文類」に引用されている、善導大師《ぜんどうだいし》の『観経疏《かんぎょうしょ》』「散善義《さんぜんぎ》」二河白道《にがびゃくどう》の喩《たと》えの最後に、
仰《あお》いで釈迦発遣《はっけん》して、指《おし》へて西方《さいほう》に向《む》かへたまふことを蒙《かぶ》り、また弥陀の悲心招喚《ひしんしょうかん》したまふによつて、いま二尊の意《おんこころ》に信順《しんじゅん》して、
(『註釈版聖典』二二六～二二七頁)

と言われた意によって釈されたものです。

「帰命《きみょう》」とは「勅命に帰順《きじゅん》」するという「信心」を表す言葉です。ですから、「信心」とは、はからいを雑えず、如来の仰せに素直に順《したが》うことである、とご覧になっていることがわかります。

たのむ

また、如来の仰せに素直に信順する状態を、日本語では「たのむ」と言い表しますから、親鸞聖人は「信」の和訓《わくん》として「たのむ」を用いておられます。

親鸞聖人は『唯信鈔文意《ゆいしんしょうもんい》』のはじめに、

本願他力《ほんがんたりき》をたのみて自力をはなれたる、これを「唯信《ゆいしん》」といふ。（『註釈版聖典』六九九頁）

と言われており、「信」とは「本願他力をたのむ」状態を表す言葉とされています。

また、『教行信証』「行文類《ぎょうもんるい》」六字釈《ろくじしゃく》の帰命釈（『註釈版聖典』一七〇頁）には、「よりたのむ」「よりかかる」という左訓《さくん》が施《ほどこ》されています。この場合、「よりたのむ」は「よりかかる」と同じ意味で、相手の言葉を受け入れて、相手の言葉にまかせる心境のことです。つまり、「たのむ」とは救われることを願うという意味の「頼む」ではなく、お救いにおまかせするという意味の「憑《たの》む」なのです。すなわち、「信心」とは如来の本願の救いの確かさに、ほれぼれと身も心もゆだね、まかせている状態を表していますから「たのむ（憑む）」と言われたのです。

蓮如上人は、たびたび『御文章《ごぶんしょう》』に、「たのむ」の意をさらに詳《くわ》しく解説して、「雑行《ぞうぎょう》をすてて、一向一心《いっこういっしん》に後生《ごしょう》たすけたまへと弥陀《みだ》をたのめ」と言われています。これは親鸞聖人が「本願他力をたのみて自力をはなれたる」状態を「信」と言われたのを承《う》け、これに「後生たすけたまへ」という言葉を入れて、その信の性格を詳しく説明されたものです。すなわち、「後生を必ずたすける」と告げてくださる如来の勅命を疑いなく領受している信心のすがたは、「後生を必ずおたすけくださる阿弥陀さま」と領解《りょうげ》し、如来にまかせているすがただからです。

真実心

最後に、親鸞聖人は「信文類」の字訓釈に、

「信」とはすなはちこれ真《しん》なり、

（『註釈版聖典』二三〇頁）

等と言われ、「信」には「真実」の意味があるとされています。すなわち「信心」とは「如来の真実心」が衆生に届いたものであるということから、信心は「仏心《ぶっしん》」であり、「仏智《ぶっち》」であると言われているのです。

蓮如上人はこれを承けて、『御文章』一帖目第十五通に、

信心といへる二字《にじ》をば、まことのこころとよめるなり。まことのこころといふは、行者《ぎょうじゃ》のわろき自力のこころにてはたすからず、如来の他力のよきこころにてたすかるがゆゑに、まことのこころとは申すなり。

（『註釈版聖典』一一〇六頁）

と言われています。

第三節　三心と一心

『観経』の三心と本願の三心

第十八願（本願）の信を「三心」と言われたのは、実は法然《ほうねん》聖人が最初であり、親鸞聖人もそれを承けて、第十八願を「本願三心の願」と名づけられたのです。

そもそも、第十八願の信は「至心信楽してわが国《くに》に生《しょう》ぜんと欲《おも》ひて」という一連の言葉ですから、通常は「三心（三種の心）」が誓われているとは読めません。にもかかわらず、法然聖人が本願の信を「三心」と言われたのは、『観無量寿経《かんむりょうじゅきょう》』（観経）に、

もし衆生ありて、かの国に生ぜんと願《がん》ずるものは、三種《さんしゅ》の心を発《おこ》して即《すなわち》便往生す。なんらをか三つとする。一つには至誠心《しじょうしん》、二つには深心《じんしん》、三つには回向発願心《えこうほつがんしん》なり。三心を具《ぐ》するも

のは、かならずかの国に生ず。

（『註釈版聖典』一〇八頁）

と説いてあることと望《のぞ》め合わせて、『観経』の「至誠心」は本願の「至心」に、「深心」は「信楽」に、「回向発願心」は「欲生」にと、それぞれ対応するものであるとご覧になられたからです。

〈観経の三心〉	〈第十八願の三心〉
至誠心	至心
深心	信楽
回向発願心	欲生

もっとも、『観経』の三心は真《しん》・仮《け》（真実他力・方便自力）に通じますから、『観経』に説かれた定善《じょうぜん》・散善《さんぜん》のような自力の行と組み合う場合は、この三心は自力の信心となり、第十九願の「至心・発願・欲生」の三心や、第二十願の「至心・回向・欲生」の三心になります。ただ、本願の念仏と組み合う三心は他力の信心であって、第十八願の「至心・信楽・欲生」と同じ三心になると親鸞聖人はご覧になったのです。

ともあれ、『観経』の三心を他力の信心とする場合は、本願の「至心・信楽・欲生」と同じであると見なすことは、法然聖人も親鸞聖人も同じです。

本願の三心は信楽一心におさまる（字訓釈）

さて、親鸞聖人は「信文類」において、本願の三心はいずれも如来回向の心であり、衆生がこれを領受する心相《しんそう》は信楽一心であるという意義を、詳しく解説されています。その際に、三心と一心の関係について二つの問答を設け、「字訓釈」と「法義釈《ほうぎじゃく》」と呼ばれる釈を施されました。

第一に、本願には三心が誓われているのに、なぜ天親菩薩《てんじんぼさつ》は『浄土論』に信心を「一心」とおっしゃったのかと問い、それは愚かな衆生に涅槃《ねはん》（さとり）の正《まさ》しき因はただ信心（一心）であることを知らせるためである、と答えておられます。

そして、至心の字訓として四訓《しくん》、信楽に二十訓、欲生に十二訓を挙《あ》げ、三心それぞれの意を次のように示されています。

- 至心
  - 真実誠種の心
  - 疑蓋無雑（信楽）
- 信楽
  - 真実誠満の心
  - 極成用重の心
  - 審験宣忠の心
  - 欲願愛悦の心
  - 歓喜賀慶の心
  - 疑蓋無雑（信楽）
- 欲生
  - 願楽覚知の心
  - 成作為興の心
  - 大悲回向の心
  - 疑蓋無雑（信楽）

三心すべて信楽

まず「至心」とは、往生成仏の因種《いんしゅ》（たね）となる、真実にして誠なる心（真実誠種《じょうしゅ》の心）であることを明らかにされました。

次に「信楽」とは、「仏の真実が入り満ちた心（真実誠満《じょうまん》の心）」であり、「成就された本願のはたらきを敬い尊重する心（極成用重《ごくじょうゆうじゅう》の心）」であり、「つまびらかに明言された如来の仰せを偽《いつわ》りなく信じる心（審験宣忠《しんけんせんちゅう》の心）」であり、「浄土往生の願いを満たされ愛《め》で悦《よろこ》ぶ心（欲願愛悦《よくがんあいえつ》の心）」

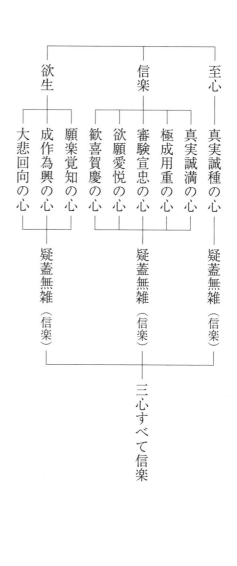

であり、「往生が決定《けつじょう》したことを歓《よろこ》び聞き得た法を慶《よろこ》ぶ心（歓喜賀慶《かんぎがきょう》の心）」であること。
最後に「欲生」とは、「必ず往生できると知って喜び願う心（願楽覚知《がんぎょうかくち》の心）」であり、「仏に成り大悲を興《おこ》して衆生救済の活動をさせていただけることを期待する心（成作為興《じょうさいこう》の心）」であり、さらに「大悲回向の心」という字訓により、「欲生」が「如来の大悲回向の心」であることをあらわすとともに、三心全体が如来回向の心であることをも明らかにされたのです。

このように、親鸞聖人は字訓釈によって、本願の三心はともに「如来回向の心」であり、「疑蓋無雑の心（信楽）」であるから、三心は信楽一心におさまる（三心即一心である）ということを明らかにされ、それとともに、三心即一の信楽一心が往生成仏の正因であることをも明らかにされたのです。

本願に三心が誓われた意義（法義釈）

第二に、字訓釈によって三心が一心におさまることは了解するとしても、阿弥陀さまは愚悪の衆生のために三心の願を発《おこ》されたのですから、本願に三心が誓われた意義をどのように理解したらいいかと問い、仏意《ぶつい》は測《はか》りがたいけれども、ひそかにその心を推察《すいさつ》するならばと前置きして、至心・信楽・欲生の三心それぞれについて、その心が誓われた意義を明らかにしていかれます。

これが法義釈です。

法義釈の意を要約すれば、至心も信楽も欲生も、いずれも涅槃の因であることをあらわすものではあるけれども、凡夫《ぼんぶ》には「至心（真実心）」も「信楽（無疑心）」も「欲生（浄土往生を願う心）」も、過去において発すことはできなかったし、現在も未来にも発しうるものではなく（機無《きむ》）、三心を発しえない凡夫のために、如来は兆載永劫《ちょうさいようごう》の修行によって三心を成就され（円成《えんじょう》）、衆生にめぐみ施されるのである（回施《えせ》）、と言われるのです。

このように、三心ともに如来回向の心であるから、衆生の心相を言えば、疑いなく如来より回向された心を領受する信楽一心である（成一《じょういつ》）、といういわれを詳しく釈されています。これを古来、機無・円成・回施・成一の釈と呼んでいます。

こうして、如来回向の三心がおさまっている信楽一心は、如来の大悲心であるから、往生成仏の正因となるということを明らかにされたのです。

約仏の三心と約生の三心

このように、如来が成就された三心のことを、古来「約仏《やくぶつ》の三心」と呼んでいます。この場合、『尊号真像銘文』のはじめ（『註釈版聖典』六四三頁）に「「至心」は真実《しんじつ》と申すなり、真実と申すは如来の御《おん》ちかひの真実なるを至心と申すなり」とあるように、「至心」とは「如来の真実心」、すなわち真如法性《しんにょほっしょう》に随順《ずいじゅん》した智慧心《ちえしん》のことです。

次に「信楽」とは、「信文類」（『註釈版聖典』二三四～二三五頁）に「信楽といふは、すなはちこれ如来の満足大悲円融無礙《えんにゅうむげ》の信心海なり」と言われているように、智慧と慈悲を円《まど》かに満たして、衆生を救済することに一点の疑いもない如来の「決定摂取《せっしゅ》の心」を言います。

そして「欲生」とは、如来が苦悩の衆生を大悲して、浄土に生まれさせたいと願われる「大悲回向の心」を言うのです。

要するに、約仏の三心とは、如来が「至心」の智慧と「欲生」の大悲をもって衆生を決定摂取する「信楽」を成就し、衆生に向かって「必ず救う」と喚《よ》びかけてゆく「如来の救済心」を、詳しく開いたものであることがわかります。

衆生はこの如来の三心に喚びさまされ、「必ずたすかる」と疑い晴れてゆくのです。これを「衆生領受の一心信楽」と言います。そして、この衆生の一心信楽には、如来が成就された三心の徳が具わっていることから、これを「約生《やくしょう》の具徳《ぐとく》の三心」と呼ぶのです。

三重出体

ところで、親鸞聖人は「信文類」に、至心の体は名号であり、信楽の体は至心であり、欲生の体は信楽であるという釈し方で、約仏の三心の義を語られることがあり、これを「三重出体《さんじゅうしゅったい》釈《じゃく》」と呼び習わしています。

まず、至心釈（『註釈版聖典』二三二頁）に「この至心はすなはちこれ至徳の尊号をその体とせるなり」とあり、如来の名号が衆生に届いて衆生の徳となっていることを至心と言うのである、とされています。これを「本末相望《ほんまつそうもう》の体」と呼びます。

次に、信楽釈（『註釈版聖典』二三五頁）に「利他回向の至心をもつて信楽の体とするなり」とあり、如来回向の名号の徳が信心の体であり、それを頂いている心相は、疑い晴れた信楽であることをあらわしているので、これを「体相《たいそう》相望の体」と呼びます。

そして、欲生釈（『註釈版聖典』二四一頁）に「真実の信楽をもつて欲生の体とするなり」とあるのは、信楽は信心そのもの（体）であり、欲生はその信心のところにある義を開いたものである、ということをあらわしています。このときは「体義《たいぎ》相望の体」と呼びます。「必ず浄土に生まれしめる」という如来の決定摂取の勅命を疑いなく領受した信楽のところには、おのずから当来《とうらい》の浄土往生を一定《いちじょう》と期《ご》する欲生の思いが具わっています。その信楽に具わっている義を開いたのが欲生ですから、欲生は信楽の義別《ぎべつ》であって、信楽のほかに別の体があるのではない、ということをあらわしているのです。

第四節　本願力回向の信心

本願成就文によって

親鸞聖人が「真実信心とは本願力回向《ほんがんりき》の信心である」と言われる依《よ》りどころのご文《もん》の一つが、『大無量寿経《だいむりょうじゅきょう》』（大経《だいきょう》）下巻《げかん》のはじめに説かれた本願成就文《じょうじゅもん》でした。

ただし、親鸞聖人が『一念多念文意《いちねんたねんもんい》』において釈された本願成就文は、当分の意とは異なった内容になっています。本願成就文を第十七《しち》願に望め合わせると、諸仏讃嘆《しょぶつさんだん》の名号を領受する機受の信相をあらわす文となりますから、本願成就文は信の一念をあらわすことを主とする経文であると、親鸞聖人はご覧になりました。そして、法然聖人から承《うけたまわ》った「如来よりたまはりたる信心」（『註釈版聖典』八五二頁）の意義を、本願成就文の言葉に寄せてあらわされたのです。

そこで、親鸞聖人が明らかにしようとされている「本願力回向の信心」とはどのような信心かということを、『一念多念文意』にあらわされた本願成就文の釈文《しゃくもん》によってうかがっていきたいと思います。

本願成就文当分の意

まず、「本願成就文」の原文はどのような文かというと、『大無量寿経』（大経）下巻に、

諸有《しょう》衆生聞其《もんご》名号、信心歓喜、乃至一念《ないしいちねん》至心回向、願生彼国《がんしょうひこく》、即得《そくとく》往生、住不退転《じゅうふたいてん》。唯除《ゆいじょ》五逆誹謗正法《ごぎゃくひほうしょうぼう》。

（『浄土真宗聖典全書』一、四三頁）

とある文で、法蔵《ほうぞう》菩薩の本願がすでに成就し、阿弥陀仏となって、願いのごとく、あらゆる人々をもらさず救うという救済活動を行われていることを告げられた、お釈迦さまの言葉です。

次に、本願成就文を『浄土真宗聖典全書』一に付された訓点《くんてん》によって書き下《くだ》すと、

あらゆる衆生その名号を聞《き》きて、信心歓喜して、すなわち一念に至《いた》るまで心《こころ》を至《いた》し回向して、かの国《くに》に生ぜんと願ずれば、すなわち往生を得《え》、不退転に住す。（「唯除」以下の文は省く）

となります。この場合、おおよそ次のようなことが説かれていることになります。

①あらゆる衆生が、（諸仏が讃嘆する不可思議な救いのはたらきを持つ阿弥陀仏の）名号を聞き、
②阿弥陀仏のお救いを信じて歓《よろこ》び、
③阿弥陀仏のみ名《な》を称《とな》え、

④わずか一声でも、真心《まごころ》をもって、称えた功徳《くどく》を阿弥陀仏にふり向け、
⑤ひたすら浄土に生まれたいと願うならば、
⑥かならず浄土に生まれて、
⑦仏道を退転しない位《くらい》（正定聚《しょうじょうじゅ》）に住《じゅう》する。

親鸞聖人の解釈

（１）「聞其名号」〜「信心歓喜」

それに対し、親鸞聖人が『教行信証』「信文類」に引用された本願成就文の訓点によって、この文を書き下すと、

あらゆる衆生、その名号を聞きて信心歓喜せんこと、乃至《ないし》一念《いちねん》せん。至心《ししん》に回向せしめたまへり。かの国に生ぜんと願ぜば、すなはち往生を得《え》、不退転に住せん。

（『註釈版聖典』二一二頁）

となります。傍点を付しているところが親鸞聖人ならではの読みです。

それでは、これから『一念多念文意』にあらわされた本願成就文の釈文によって、親鸞聖人が明かそうとされていることをうかがっていこうと思います。まずはじめに、

「聞其名号《もんごみょうごう》」といふは、本願の名号をきくとのたまへるなり。きくといふは、本願をききて疑ふこころなきを「聞」といふなり。（『註釈版聖典』六七八頁）

とあります。本願成就文の「聞」は、本願を聞いて疑うことのない、いわゆる「（実義にかなった）如実《にょじつ》の聞」であり、はからいをまじえて聞く「（実義にかなわない）不《ふ》如実の聞」ではないことを示されています。このように信（無疑）をもって如実の聞をあらわすことを、古来「聞即信《もんそくしん》」と言い習わしています。続いて、

またきくといふは、信心をあらはす御《み》のりなり。「信心歓喜乃至一念」といふは、「信心」は、如来の御ちかひをききて疑ふこころのなきなり。（『註釈版聖典』六七八頁）

とあります。これらの文は、「信心」とは「本願の名号を疑いなく聞くことのほかにはない」ということをあらわしています。古来、これを「信即聞」と言い習わしています。続いて、

「歓喜《かんぎ》」といふは、「歓《かん》」は身をよろこばしむるなり、「喜《き》」はこころによろこばしむるなり。うべきことをえてんずとかねてさきよりよろこぶこころなり。（『註釈版聖典』六七八頁）

とあります。親鸞聖人は、本願成就文に説かれた「歓喜」とは、「やがて必ず得るであろう往生成仏を、いまから先立って喜ぶ心」とされており、「往生成仏の正因である信心を、いますでにめぐまれていることを喜ぶ心」を表すときに用いる「慶喜《きょうき》」という言葉と、使い分けておられる

のです。

（2）「乃至一念」～「願生彼国」

続いて、

「乃至《ないし》」は、おほきをもすくなきをも、ひさしきをもちかきをも、さきをものちをも、みなかねをさむることばなり。「一念」といふは信心をうるときのきはまりをあらはすことばなり。
（『註釈版聖典』六七八頁）

とあります。親鸞聖人はこの「一念」を「信心を得《う》る時のきわまり」と釈されました。これは、「一念」を「即得往生」の「即」の語と望め合わせて「即時」の意味とし、第十八願の信心は如来より回向されたものであり、人間が作り上げる時間のかかる信心ではないということをあらわされているのです。そして「乃至」とは、如来よりめぐまれた信心が称名となって、一生涯相続していくことをあらわす言葉であると解釈されました。

続いて、

「至心回向《ししんえこう》」といふは、「至心」は真実といふことばなり、真実は阿弥陀如来の御《おん》こころなり。「回向」は本願の名号をもつて十方の衆生にあたへたまふ御のりなり。

（『註釈版聖典』六七八頁）

とあります。親鸞聖人は先に挙げたように、「回向」を「回向せしめたまへり」と読んでおられますが、「回向」する主体は衆生ではなく阿弥陀仏であるとされ、さらに「至心回向」とは、阿弥陀仏が十方《じっぽう》の衆生に「至心（真実である名号）」を与えてくださることである、と釈されているのです。つまり「至心回向」の釈は、先の「聞其名号」の語と望め合わせたものであり、親鸞聖人のご解釈は文の前後次第にしたがったものではないことがうかがえます。

　続いて、

「願生彼国《がんしょうひこく》」といふは、「願生」はよろづの衆生、本願の報土《ほうど》へ生《うま》れんとねがへとなり。「彼国」はかのくにといふ、安楽国ををしへたまへるなり。（『註釈版聖典』六七八頁）

とあり、「願生彼国」とは、お釈迦さまがあらゆる衆生に安楽国の存在を知らせ、その国に生まれようと願いなさい、と告げておられることであると言われています。親鸞聖人がこのように釈されたのは、「願生彼国」という言葉を、第十七願の諸仏讃嘆を承《う》けた「聞其名号」の語と望め合わせておられるからです。

（3）「即得往生」～「住不退転」

最後に、

「即得往生《そくとくおうじょう》」といふは、「即」はすなはちといふ、ときをへず、日をもへだてぬなり。また「即」はつくといふ、その位《くらい》に定《さだ》まりつくといふことばなり。「得《とく》」はうべきことをえたりといふ。真実信心をうれば、すなはち無碍光仏《むげこうぶつ》の御《おん》こころのうちに摂取《せっしゅ》して捨《す》てたまはざるなり。摂《せつ》はをさめたまふ、取《しゅ》はむかへとると申すなり。をさめとりたまふとき、すなはち、とき・日をもへだてず、正定聚の位につき定まるを「往生を得」とはのたまへるなり。

（『註釈版聖典』六七八～六七九頁）

とあります。この文こそ親鸞聖人でなければ明らかにできなかった「現生《げんしょう》正定聚」の意をあらわされた釈です。この文は先哲《せんてつ》によって解釈が分かれるところですが、いまは文にしたがって素直に読んでおきたいと思います。

まず「即得往生」の「即」の語を、「ときをへず、日をもへだてぬなり」と釈されています。「即」の語には「即時」という意味があることから、先に「一念」を「信心をうるときのきはまりをあらはすことばなり」と釈されているように、「一念」と「即」の語を望め合わせておられるのです。

また「即得往生」の「即」を、「つくといふ、その位に定まりつくといふことばなり」と釈されているのは、「即」の語には「即位」の意味があるからであり、「得」の語を「うべきことをえたり」と釈されているように、「即得往生」と「住不退転」とを望め合わせておられるからです。そして、この二つの釈を合わせて、「即得往生」とは「信心がめぐまれると同時に不退転の位に住す、すなわち、正定聚の位につくことである」とされたのです。

なお、「真実信心をうれば、すなわち無礙光仏の御こころのうちに摂取して捨てたまはざるなり」と言われていることと、『親鸞聖人御消息』第二十通に、

真実信心定《さだ》まると申すも、金剛信心《こんごうしんじん》の定まると申すも、摂取不捨《せっしゅふしゃ》のゆゑに申すなり。

（『註釈版聖典』七七八頁）

と言われていることとは、一見矛盾するように思われます。しかし、ここにこそ本願力回向の救いの特徴があらわれているのです。

「真実信心を得る」ということは、阿弥陀如来の調熟《ちょうじゅく》の光明によるお育てのたまものであり、そのお育てによって如来の仰せを疑いなく聞き入れる身にしていただくことでした。そしてそれはまた、如来の光につつまれて、お念仏を申しながら、往生成仏すべき人生を、退転することなく歩み始めることだったのです。

第五節　行一念と信一念について

『大経』三所の一念

法然《ほうねん》聖人が念仏一行をもって往生の因を語られるのに対し、親鸞聖人はその念仏一行より信を開き、行信二法《にほう》をもって往生の因を語られます。このような、法然聖人と親鸞聖人の往生の因の語り方の違いは、『大無量寿経』（大経）下巻に説かれた三所の一念、すなわち、①本願成就文の一念、②下輩《げはい》の一念、③付属の一念を、どう見るかということとも関連しています。

法然聖人は『大経』三所の「一念」を、いずれも「行の一念（一声《ひとこえ》の称名）」とされています。

それに対して、親鸞聖人は「行文類」行一念釈に、

おほよそ往相回向の行信について、行にすなはち一念あり、また信に一念あり。

（『註釈版聖典』一八七頁）

と言われており、①本願成就文の「一念」を「信の一念（信心が開け発《おこ》った最初の時）」とし、③付属の「一念」を「行の一念」として、「行一念」については「行文類」に、「信一念」については「信文類」に、それぞれ詳しく釈されています。

なお、②下輩の一念については、『三経往生文類《さんぎょうおうじょうもんるい》』の「観経往生」を明かすところに、第十九願成就の文として引用されていますから、おそらく方便に通ずるということで、真実の行信を明かすところには引かれず、「行の一念」とも「信の一念」ともおっしゃっていません。

行一念釈（その一、遍数釈）

まず親鸞聖人は、『大経』下巻の結びに説かれた、弥勒付属《みろくふぞく》の文に、

それかの仏の名号を聞くことを得て、歓喜踊躍《ゆやく》して乃至一念せんことあらん。まさに知るべし、この人は大利《だいり》を得《う》とす。すなはちこれ無上《むじょう》の功徳《くどく》を具足《ぐそく》するなりと。

（『註釈版聖典』八一頁）

とある「一念」を「行の一念」とし、「行文類」行一念釈に、この文について、

行の一念といふは、いはく、称名の遍数《へんじゅ》について選択易行《いぎょう》の至極《しごく》を顕開《けんかい》す。

（『註釈版聖典』一八七頁）

と釈されています。

親鸞聖人は、法然聖人の意を承けて、『大経』下巻の付属の「一念」とは「一声の称名」ということであり、ここには「一声の称名のところに、大利無上の功徳が具わっていると説かれてい

る」とご覧になりました。

そして、この文は「一声」という称名の数に寄せて、阿弥陀仏があらゆる人々を浄土に迎え取るために選び取られた念仏行が、誰でも行じられる易行中の易行であり、無上の功徳を具えた往生決定の行であることをあらわす教説であると解釈されました。これを「行一念」の「遍数釈」と言います。

ただし、経文には「乃至一念」と説かれているように、数を限定しないことをあらわす「乃至」という言葉が付いています。したがって、往生決定は一声の称名に限らないのではないか、という問題が出てくるわけです。

このことについて、法然聖人は『選択集』利益《りやく》章に、

すでに一《いち》念をもつて一無上となす。まさに知るべし、十《じゅう》念をもつて十無上となし、また百《ひゃく》念をもつて百無上となし、また千《せん》念をもつて千無上となす。（『註釈版聖典七祖篇』一二二四頁）

と言われています。つまり、一声《ひとこえ》の称名に無上功徳があるのですから、たとえば十声《とこえ》の称名とは、無上功徳であるような称名が十遍《じっぺん》相続されたということであって、けっして十声の称名に一声の称名の十倍の功徳がある、ということではありません。もしそうだとすれば、一声の称名は無上功徳ではないことになってしまうからです。

「乃至一念」とは、如来によって成就された名号を一声称えるところに「大利無上の功徳」を持つ称名が、生涯にわたって相続していくことを説いた教説であり、称名念仏はけっして自力の功徳を積み重ねていくものではない、ということをあらわしているのです。

行一念釈（その二、行相釈）

続いて「行文類」行一念釈には、

釈（散善義《さんぜんぎ》）に「専心《せんしん》」といへるはすなはち一心《いっしん》なり、二心《に》なきことを形《あらわ》すなり。「専念《せんねん》」といへるはすなはち一行《いちぎょう》なり、二行《に》なきことを形《あらわ》すなり。（『註釈版聖典』一八九頁）

と言われています。これは、善導大師の『観経疏』「散善義」に「専心・専念」とある文を、親鸞聖人が「信一念・行一念」に当てはめて釈されたもので、「宗釈《しゅうしゃく》」とか「義釈《ぎしゃく》」と呼ばれています。

いま、「行一念」とは「専念」ということであり、本願力回向の行は「称名念仏一行専修《せんじゅ》」であると言われるのです。これを行一念の「行相釈《ぎょうそうじゃく》」と言います。

信一念釈（その一、時剋釈）

次に、親鸞聖人は『大経』下巻の本願成就文に、

あらゆる衆生、その名号を聞きて信心歓喜せんこと、乃至一念せん。至心に回向したまへり。かの国に生れんと願ずれば、すなはち往生を得、不退転に住せん。（『註釈版聖典』四一頁）

とある「一念」を「信の一念」とし、「信文類」信一念釈《しんいちねんじゃく》に、この文について、

それ真実の信楽を案《あん》ずるに、信楽に一念あり。一念とはこれ信楽開発《かいほつ》の時剋《じこく》の極促《ごくそく》を顕《あらわ》し、広大難思《こうだいなんじ》の慶心《きょうしん》を彰《あらわ》すなり。（『註釈版聖典』二五〇頁）

と釈されています。

この釈によれば、親鸞聖人は、『大経』下巻の本願成就文に説かれている「一念」とは、「信楽（真実信心）が開けおこる最初のとき」ということであり、「信の一念」にただちに往生成仏が決定することを、本願成就文には「即得往生、住不退転」と説かれているとご覧になっているのです。

なお、信一念釈に「極促」と言われたときの「促」は、「延《えん》（のびる）」に対する「促（ちぢまる）」の意であり、一生涯相続していくような真実信心が「初めて開けおこったとき」に往生成仏は決定する、ということをあらわすことになります。このように、「信一念」を「信心が開け

おこる最初のとき」とする釈を、「信一念」の「時剋釈」と言います。

なお、親鸞聖人の「信一念釈」には、「一念」を「信心をうるときのきわまり」と解釈される場合もあります。この場合は、真実信心は如来より回向された信心であり、人間が作り上げる時間のかかる信心ではない、ということをあらわすことになります。

信一念釈（その二、信相釈）

さらに「信文類」信一念釈には、時剋釈に続き、本願成就文の「一念」について、

「一念」といふは、信心二心《にしん》なきがゆゑに一念といふ。これを一心《いっしん》と名づく。一心はすなはち清浄報土《しょうじょうほうど》の真因《しんいん》なり。

（『註釈版聖典』二五一頁）

と言われています。

親鸞聖人は、本願成就文の「一念」を、善導大師が「散善義」に「一心・専念」とか「専心・専念」と言われている文に当てはめて、本願力回向の信心は「一心」、すなわち他に心移りをしない「無《む》二《に》心《しん》」、あるいは「無疑心」であると言われ、一心は清浄報土の正因であると釈されています。これを「信一念」の「信相釈《しんそうじゃく》」と言います。

行一念釈と信一念釈の関係

最後に、親鸞聖人の「行一念釈」と「信一念釈」によってあらわされる法義をまとめると、次のようになります。

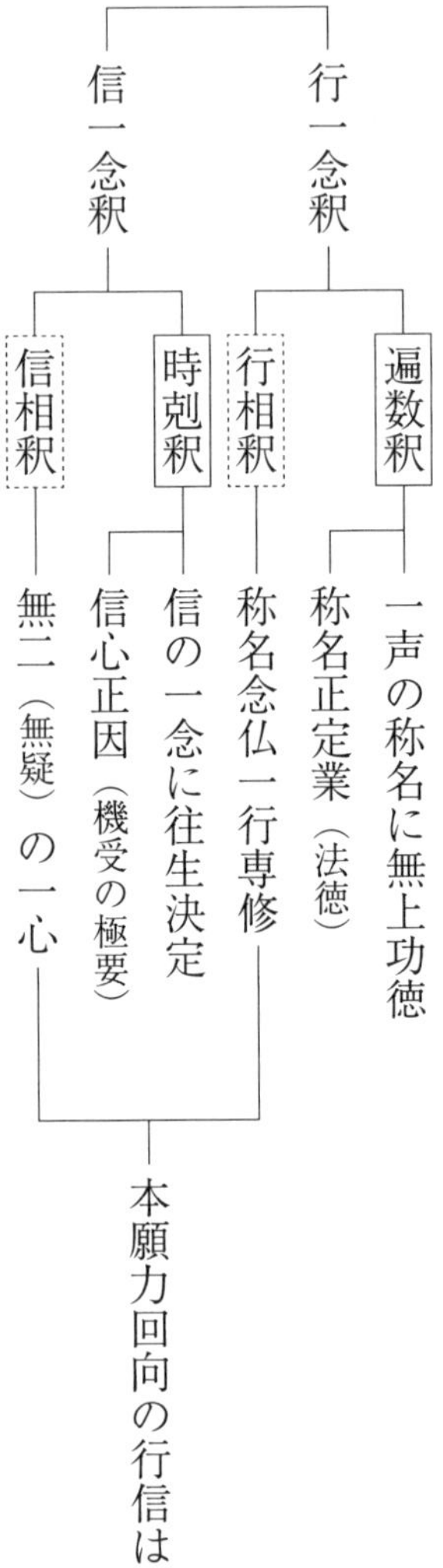
本願力回向の行信は一行一心

行一念の遍数釈は、本願力回向の行は、一声の称名のところに無上の功徳があるから「称名は往生の正定業である」という法徳《ほっとく》をあらわし、信一念の時剋釈は、本願力回向の信は、信心が開けおこったまさにそのときに往生は決定する、すなわち「信心正因」という機受の極要《ごくよう》をあらわします。親鸞聖人はこの二つの釈によって、本願力回向の行と信は、回向された名号の「法徳」

と「機受」の関係であることを明らかにされました。

また、行一念の行相釈は、本願力回向の行は「称名念仏一行専修」である、ということをあらわし、信一念の信相釈は、本願力回向の信は「無疑の一心」である、ということをあらわします。親鸞聖人はこの二つの釈によって、本願力回向の行信は、回向された名号を領受する「一行・一心」という法義であることを明らかにされたのです。

なお、『親鸞聖人御消息』第七通には、

信の一念・行の一念ふたつなれども、信をはなれたる行もなし、行の一念をはなれたる信の一念もなし。

(『註釈版聖典』七四九頁)

等と、行一念と信一念とが離れたものではない、ということを詳しく説明されています。

第六節　二種深信と信疑決判

「散善義」の二種深信

本願の救いを疑いなく信ずる信心の相を詳しく述べたものに、「二種深信《にしゅじんしん》」ということがあります。「二種深信」とは、もともと善導大師が『観無量寿経』(観経)に説かれた三心の中の「深《じん》

心《しん》」を「深信の心」と領解され、この「深信」を機・法の二種に開かれたものでした。そもそも『観経』には、

もし衆生ありて、かの国に生ぜんと願ずるものは、三種《さんしゅ》の心を発して即便《すなわち》往生す。なんらをか三《み》つとする。一つには至誠心《しじょうしん》、二つには深心、三つには回向発願心《えこうほつがんしん》なり。三心を具《ぐ》するものは、かならずかの国に生ず。

（『註釈版聖典』一〇八頁）

と、阿弥陀仏の浄土に往生しようと願う人は、至誠心・深心・回向発願心の三心を発さなければならない、と説かれています。

そして法然聖人は、『観経』の三心には諸行と組み合う自力の三心と、念仏と組み合う他力の三心があり、他力の三心は本願（第十八願）に誓われた至心・信楽・欲生我国の三心に相当する、とご覧になりました。

親鸞聖人はそれを承けて、本願の三心は如来より回向されるものであり、衆生領受の信相《しんそう》を言えば「信楽」、すなわち「無疑の一心」におさまることを明らかにされました。ですから、「二種深信」とは信楽を二種に開いたもの、ということになるのです。

さて、善導大師は『観経』に説かれた深心について、「散善義」深心釈に、

「深心」といふはすなはちこれ深く信ずる心なり。また二種あり。一には決定《けつじょう》して深く、自

身は現にこれ罪悪生死《ざいあくしょうじ》の凡夫、曠劫《こうごう》よりこのかたつねに没《もっ》しつねに流転《るてん》して、出離《しゅつり》の縁《えん》あることなしと信ず。二には決定して深く、かの阿弥陀仏の、四十八願《しじゅうはちがん》は衆生を摂受《しょうじゅ》したまふこと、疑《うたがい》なく慮《おもんぱか》りなくかの願力に乗《じょう》じてさだめて往生を得《う》と信ず。

（『註釈版聖典七祖篇』四五七頁）

と言われています。

まず、「深心」とは「深く信ずる心なり」と言われており、そのあとに「決定して深く」とあるように、不決定であるような「浅信《せんしん》」に対して、決定をあらわす「深信」の心であると領解されているのです。つまり「二種深信」とは、次の二つのことがらを疑いなく決定的に信ずることなのです。

一つには、我が身は今、罪悪深重《じんじゅう》なる凡夫であって、始めもわからないほどの無限の過去から現在に至るまで煩悩に縛られて、生死（迷いの境界《きょうがい》）を流転し続け、未来永劫に至っても、煩悩の束縛から離れ、生死を解脱《げだつ》する能力も手がかりも全く持っていない者である、と決定的に信ずること。

二つには、阿弥陀仏の四十八願は、罪業《ざいごう》深き身をお救いくださることに一点の疑いも心配もないと仰《おお》せですから、必ず往生を得られる、と決定的に信ずることです。

前者は「如来の救いの対象（機）」である我が身の、いつわらざるすがた（機の真実）を信知《しんち》することですから、「信機《しんき》」とか「機の深信」と呼び、後者はこのような機を救う真実なる永遠の救い（法の真実）を信知することですから、「信法《しんぼう》」とか「法の深信」と呼び、これを「機法二種の深信」、すなわち「二種深信」と言うのです。

もちろん、二種深信といっても信心に二つがあるのではなく、如来の真実に触れ、如来の仰せに信順する一つの深信（信楽）が、信機・信法という二つの内容を持っていることをあらわそうとされているのです。

『往生礼讃』の二種深信

同じことが『往生礼讃《おうじょうらいさん》』前序《ぜんじょ》の三心釈の、深心について釈されたところに、

二には深心。すなはちこれ真実の信心なり。自身はこれ煩悩を具足する凡夫、善根薄少《ぜんごんはくしょう》にして三界《さんがい》に流転《るてん》して火宅《かたく》を出《い》でずと信知し、いま弥陀の本弘誓願《ほんぐぜいがん》は、名号を称すること下十声《しもじっしょう》・一声《いっしょう》等《とう》に至るに及ぶまで、さだめて往生を得と信知して、すなはち一念に至るまで疑心あることなし。ゆゑに深心と名づく。

（『註釈版聖典七祖篇』六五四頁）

と述べられています。

この文には、我が身は煩悩具足の凡夫であるから、煩悩の雑《まじ》った善根しか修することができず、火宅（煩悩うずまく世界）を超え離れることのできない無力な存在であると信知し（機の深信）、阿弥陀仏の本願力は、たとえ十声、一声でも往生を決定せしめてくださると信知して（法の深信）、一念の疑いも雑えない心があらわされ、これを「真実信心」と言われています。

『往生礼讃』の二種深信釈には、「凡夫自力の善根では火宅を出離することはできない」と信知するとともに、「本願力におまかせして行ずる念仏は、凡夫をして必ず往生せしめる行法である」と信知するというように、捨てるべき行と託《たく》すべき行とが、明確に示されているのです。

「散善義」の就行立信釈

ところで、「散善義」の深心釈には、経典に説かれたさまざまな行の中で、どの行が正しき往生決定の行であるかを判別する「就行立信釈《じゅぎょうりっしんじゃく》」があります。

まず、あらゆる行を、本来の往生行ではない聖道門《しょうどうもん》の諸行（雑行《ぞうぎょう》）と、本来の往生行である浄土門の行（正行《しょうぎょう》）とに分け、雑行を捨てて正行を選び取ります。

次に、その正行（読誦《どくじゅ》・観察《かんざつ》・礼拝《らいはい》・称名・讃嘆供養《くよう》の五正行《ごしょうぎょう》）について、

またこの正のなかにつきてまた二種あり。一には一心にもつぱら弥陀の名号を念じて、行《ぎょう》

住坐臥《じゅうざが》に時節《じせつ》の久近《くごん》を問はず念々に捨てざるは、これを正定の業と名づく、かの仏の願に順《じゅん》ずるがゆゑなり。もし礼誦等《らいじゅとう》によるをすなはち名づけて助業《じょごう》となす。

（『註釈版聖典七祖篇』四六三頁）

と言われているように、五正行の中で、本願に誓われた「称名」を「正定業（正しき往生決定の業）」とし、他の四つは正定業である称名に付《つ》き随《したが》う「助伴《じょばん》の業《ごう》」、すなわち「助業」であると言われています。

したがって、先に述べた「散善義」の二種深信も、就行立信釈の結論から見れば、『往生礼讃』の二種深信と同じことをあらわされている、ということがわかります。

二種一具の信心（捨機即託法）

「二種深信」は、もともと本願招喚の勅命を疑いなく聞信《もんしん》している一念の信心の相を開いたものですから、「信機」と「信法」の二種があると言っても、二つの心が別々に起こるというものではなく、また前後して起こるものでもありません。このことを「二種一具《いちぐ》の信心」と呼んでいます。

言い換えれば、我が身が出離の縁なき自力無功の機であるということは、如来の勅命によって知らされることであり、このような機が本願他力に救われていくのであると、ほれぼれと本願他力におまかせすることも、如来の勅命を聞き受けることによって知らされるというほかありません。

存覚上人《ぞんかく》（一二九〇～一三七三）は『六要鈔《ろくようしょう》』において、二種深信について、

まさしく有善《うぜん》・無善《むぜん》を論《ろん》ぜず、自《じ》の功《こう》を仮《か》らず、出離ひとえに他力にあることを明かす。聖道の諸教《しょきょう》は盛《さか》りに生仏一如《しょうぶついちにょ》の理《り》を談《だん》ず。今の教（浄土の教え）は自力の功なきことを知るによりてひとえに仏力《ぶつりき》に帰《き》す。これによりてこの信ことに最要《さいよう》なり。

（『浄土真宗聖典全書』四、一一〇七頁）

と言われています。

ですから、機の深信はけっして「自己反省の罪悪感」ではなく、完全に自力無功と信知して自力に手離れをしている状態であって、それはそのまま他力に全託している法の深信でもあるのです。

信疑決判（法然聖人の宗教改革）

ところで、存覚上人が「二種深信は浄土教の信の要をあらわす」と言われているのは、法然聖

人が『選択集』三心章の私釈（『註釈版聖典七祖篇』一二四八頁）に、二種深信の意によって、従来の仏教（聖道門）の常識をくつがえす「信疑決判《しんぎけっぱん》」という判釈《はんじゃく》をされているからでした。

聖道門の教えは、煩悩こそが生死を流転する原因であるとして、生死を解脱《げだつ》してさとりを開くためには、「廃悪修善《はいあくしゅぜん》（悪をとどめて、善をなすこと）」しなければならないと説きます。したがって、迷い続けるか悟《さと》りに至るかの境目（迷悟《めいご》の分際《ぶんざい》）は、善か悪か、すなわち善悪対になります。

それに対して、浄土門の教えは、いかなる罪悪深重の者をも、必ずさとりの浄土に迎え取っていくという、阿弥陀仏の本願力による救いを説く教えですから、迷悟の分際は、本願力の救いを受け入れるか（信）、それとも拒絶するか（疑）である、と主張されたのです。

親鸞聖人は「信疑決判」こそ法然聖人の一番の功績であると、「正信偈」源空《げんくう》章に、

生死輪転《りんでん》の家《いえ》に還来《かえ》ることは、決《けっ》するに疑情《ぎじょう》をもつて所止《しょし》とす。

すみやかに寂静無為《じゃくじょうむい》の楽《みやこ》に入《い》ることは、かならず信心をもつて能入《のうにゅう》とすといへり。

（『註釈版聖典』二〇七頁）

と讃嘆されているのです。

第七節　親鸞聖人の信心正因論

信心正因・称名報恩

親鸞聖人が「正信偈」龍樹《りゅうじゅ》章に、

弥陀仏の本願を憶念《おくねん》すれば、自然《じねん》に即の時必定《ひつじょう》に入《い》る。
ただよくつねに如来の号を称《みな》して、大悲弘誓《ぐぜい》の恩《おん》を報《ほう》ずべしといへり。

（『註釈版聖典』二〇五頁）

と言われていることによって、覚如《かくにょ》上人は第十八願に誓われている信心と称名念仏の関係を、「信心正因・称名報恩」という言葉であらわされ、蓮如《れんにょ》上人もこれを受け継《つ》いで、浄土真宗の行《ぎょう》信《しん》論として確立されました。

覚如上人は、その根拠は本願成就文にあるとし、本願の名号を聞信する即座に往生は決定し、その後の称名念仏は往生決定してくださった阿弥陀さまに対する報恩の営みである、とお領解されました。そして、第十八願に「至心・信楽・欲生我国、乃至十念」と信行次第して誓われていることが、まさにそれをあらわしているとご覧になったのです。

このように、第十八願の信と行を時間的な前後法《ほう》と見て信と行の関係をあらわすのが、「信心正因・称名報恩」という法義《ほうぎ》です。それに対して「念仏往生」や「称名正定業」という法義は、第十八願の信と行を時間的な前後法と見ないで、念仏一つのところで信心と名号の徳を語る法相《ほっそう》なのです。

ですから、「信心正因・称名報恩」ということと「称名正定業」ということは、明かそうとする法相の違いであって、この二つの法義は矛盾《むじゅん》するものではありません。

名号を領受する信心

さて、親鸞聖人が「信心正因」ということを言われるとき、その「信心」とは「無疑」、あるいは「疑蓋無雑」の意であり、本願の名号を疑いなく受け入れることでした。

また、「正因」の「正」とは「邪《じゃ》（よこしま）」に対する言葉で、「正当《せいとう》」あるいは「正直《しょうじき》」、すなわち「まっすぐ」の意であり、「因」とは「因種」、すなわち「たね」の意です。

つまり、親鸞聖人が「信心正因」ということを語られるとき、それは「本願の名号をはからいなく受け入れる信心は、さとりの浄土に往生し、成仏《じょうぶつ》する正しき因である」ということを意味していました。

『大無量寿経』（大経）上巻《じょうかん》の法蔵修行の一段に、
　不可思議《ふかしぎ》の兆載永劫《ちょうさいようごう》において、菩薩《ぼさつ》の無量《むりょう》の徳行《とくぎょう》を積植《しゃくじき》して、（中略）大荘厳《だいしょうごん》をもつて衆《しゅ》行を具足《ぎょうぐそく》し、もろもろの衆生《しゅじょう》をして功徳《くどく》を成就《じょうじゅ》せしむ。（『註釈版聖典』二六～二七頁）

と説かれているように、本願の名号とは、法蔵菩薩の修された無量の功徳が、衆生の往生成仏の因となるように、名号一つにおさめて成就され、衆生に回向されたものでした。それゆえ、親鸞聖人は本願の名号を「万行円備《まんぎょうえんび》の嘉号《かごう》」（『註釈版聖典』四七七頁）とか、「この嘉名《かみょう》は万善《まんぜん》円備せり」（『註釈版聖典』三九九頁）と言われたのです。

このような本願の名号を領受しているのが「信心」ですから、親鸞聖人は「信心は往生成仏の正因である」と言われたのです。

ちなみに、『高僧和讃』「曇鸞讃《どんらんさん》」には、

安楽仏国にいたるには
無上宝珠《ほうしゅ》の名号と
真実信心ひとつにて
無別道故《むべつどうこ》とときたまふ
（『註釈版聖典』五八六頁）

とあります。「ひとつにて」とは、往生成仏の因は、法の側からいえば「名号」であり、それを領受した衆生（機）の側からいえば「信心」というのであって、名号と信心は別のものではないことをあらわしています。

如来の大悲心（三心即一の信楽）

さて、親鸞聖人は『教行信証』「信文類」三一問答において、本願に誓われた「至心・信楽・欲生」の三心について、

弥陀如来、三心を発したまふといへども、涅槃の真因はただ信心をもつてす。

（『註釈版聖典』二二九頁）

と言われ、三心に詳細な字訓を施して、三心はいずれも「疑蓋無雑」であるから「信楽」と名づけられるとし、結局、三心は信楽一心におさまるから、涅槃（成仏）の正しき因は信楽一心である、と言われたのです。

さらに、三一問答の法義釈において、凡夫には現在も過去にも、至心（真実心）も信楽（無疑心）も欲生（浄土往生を願う心）も発すことはできなかったし、未来においても発しえない（機無）。如来はそのような凡夫のために、兆載永劫の修行によって三心を成就し（円成）、その三心を衆生に施される（回施）。そして、その三心は信楽一心におさまる（成一）ということを明らかにさ

れました。
そのうちの信楽釈において、
この心はすなはち如来の大悲心なるがゆゑに、かならず報土の正定の因となる。
（『註釈版聖典』二三五頁）
と言われているように、親鸞聖人は三心即一の信楽は如来の大悲心（仏心）であるから、往生成仏の正因となる、ということを明らかにされたのです。
なお、『正像末和讃《しょうぞうまつわさん》』には、
不思議の仏智《ぶっち》を信ずるを
報土の因としたまへり
信心の正因うることは
かたきがなかになほかたし
（『註釈版聖典』六〇八頁）
とあります。これは、この信心は人間の思議《しぎ》（自力）をもってはけっして獲得しえないものであり、ただ、ほれぼれと不思議の仏智を受け入れるところに開かれる「他力の信心」であることをあらわされているのです。

横超他力の菩提心

さらに親鸞聖人は、如来回向の信心は、その徳が菩提心《ぼだいしん》であるから往生成仏の正因となる、とお示しになっています。菩提心とは、自利《じり》（自《みずか》らさとること）と利他《りた》（他の人をさとらしめること）を円《まど》かに満たすような菩提（さとり）を求める心であり、そのさとりにふさわしい願心《がんしん》のことです。

第十八願には「若不生者、不取正覚（もし生まれずは、正覚を取らじ）」と、衆生を往生成仏せしめようとする心（度衆生心《どしゅじょうしん》）と、自らのさとりを求めようとする心（願作仏心《がんさぶっしん》）とが、一体不二《いったいふに》に誓われています。親鸞聖人によれば、「菩提心」とはすべての衆生を救おうと願われた阿弥陀如来の願心そのものを指していました。そして、このような阿弥陀如来の本願こそ、自利利他円満《えんまん》のさとりにふさわしい菩提心である、とご覧になったのです。

このような阿弥陀如来の本願成就の名号を聞いて、「必ず仏にならせていただける」と領解した信心は「願作仏心」です。すなわち、如来の「度衆生心」が衆生の「願作仏心」となるのです。そして、如来より回向された信心は、やがて浄土に往生したならば、「すべての衆生を救済しうる身にならせていただく」ということを期待する心でもあります。ですから「願作仏心」である信心には、やがて「度衆生心」となるべき徳があることがわかります。

親鸞聖人はこれを「横超《おうちょう》他力の菩提心」と呼び、真実信心は横超他力の菩提心であるから、菩提（さとり）の正しき因である、と言われたのです。
そのことを『高僧和讃』「天親讃」には、

願作仏の心はこれ
度衆生のこころなり
度衆生の心はこれ
利他真実《りたしんじつ》の信心なり

等と、浄土往生を願う信心は横超他力の菩提心である、と讃《たた》えられています。

（『註釈版聖典』五八一頁）

大信心は仏性なり

また、親鸞聖人は「信文類」三一問答の信楽釈に『涅槃経《ねはんぎょう》』の文を適宜《てきぎ》引用し、如来回向の信心は仏性《ぶっしょう》であるから往生成仏の正因となる、と言われています。まず、

大慈大悲《だいじだいひ》は名づけて仏性とす。仏性は名づけて如来とす。（中略）大喜大捨《だいきだいしゃ》はすなはちこれ仏性なり、仏性はすなはちこれ如来なり。

（『註釈版聖典』二三六頁）

とあるのは、如来が無量の衆生に対して楽《らく》を与え、苦を除《のぞ》こうとして起こす四つの心、すなわち「四無量心《しむりょうしん》（大慈・大悲・大喜・大捨）」によって、仏の徳（果仏性《かぶっしょう》＝仏としての性質）をあらわされた

ものです。
次に、

大信心はすなはちこれ仏性なり、仏性はすなはちこれ如来なり。（『註釈版聖典』二三七頁）

とあるのは、如来の「四無量心」の徳が衆生に回向されて、「大信心」という仏となるべき徳（因仏性＝仏となるべき性質）となっていることをあらわされたものです。

最後に、

仏性は一子地《いっしじ》と名づく。（中略）一子地はすなはちこれ仏性なり、仏性はすなはちこれ如来なり。（『註釈版聖典』二三七頁）

とあるのは、「大信心」を得た衆生が、やがて「一子地《いっしじ》」という徳（果仏性＝仏としての性質）を得ることをあらわされたものです。

こうして親鸞聖人は、如来の徳である「四無量心」が衆生に回向されて「大信心」となり、その「大信心」は仏性（因仏性）であるから、やがて「一子地」すなわち「怨親《おんしん》平等のさとり」を開く、ということを明らかにされたのです。

第八節　信心の利益

現生の利益

親鸞聖人は『教行信証』「信文類」末《まつ》に、

金剛《こんごう》の真心《しんしん》を獲得《ぎゃくとく》すれば、横《おう》に五趣八難《ごしゅはちなん》の道《どう》を超《こ》え、かならず現生《げんしょう》に十種《じっしゅ》の益《やく》を獲《う》。

（『註釈版聖典』二五一頁）

と、信心を得るところに十種の利益《りやく》が与えられると言われています。一方、『浄土文類聚鈔《もんるいじゅしょう》』の「念仏正信偈」には、

信を発して称名すれば、光摂護《ひかりしょうご》したまふ、また現生無量《むりょう》の徳《とく》を獲《う》。

（『註釈版聖典』四八六頁）

と、阿弥陀如来の功徳が円満した名号を領受し、称名するところには、無量の徳がめぐまれると言われています。それを具体的に十種として挙げたのが、「信文類」に明かされた現生十益《じゅうやく》なのです。

なお、現生十益は「入正定聚《にゅうしょうじょうじゅ》の益」を総益《そうやく》とし、それを開いて九つの別益《べつやく》としたものであり、如来のあらゆる徳を名号一つにこめて阿弥陀如来より回施《えせ》され、それを領受した信の一念に往生

成仏の因は円満し、あらゆる迷いの境界を断《た》ち切って、さとりの境界に入ることに決定した、いわゆる「正定聚の機」とならしめられたところには、おのずから「冥衆護持《みょうしゅごじ》の益」などの九つの利益が与えられると言われるのです。

①冥衆護持の益

一つに「冥衆護持の益」とは、私たちの目には見えないものが、念仏の行者《ぎょうじゃ》をつねに護《まも》り支《ささ》えているということです。

親鸞聖人は『浄土和讃』「現世《げんぜ》利益和讃」（『註釈版聖典』五七三～五七六頁）に、

南無阿弥陀仏をとなふれば
梵王《ぼんのう》・帝釈《たいしゃく》帰敬《ききょう》す
諸天善神《しょてんぜんじん》ことごとく
よるひるつねにまもるなり

と言われ、また、

天神《てんじん》・地祇《じぎ》はことごとく
善鬼神《ぜんきじん》となづけたり
これらの善神《ぜんじん》みなともに

念仏のひとをまもるなり

等と、天神・地祇をはじめとして、梵天《ぼんてん》・帝釈天《たいしゃくてん》等の諸天善神《しょてんぜんじん》、観音《かんのん》・勢至《せいし》など二十五菩薩も、念仏の行者を護持すると言われています。

②至徳具足の益

二つに「至徳具足《しとくぐそく》の益」とは、「南無阿弥陀仏」にこめられている如来の無量の徳が、ことごとく信心の行者に具わり、衆生の往生成仏の因となっていることを言います。

③転悪成善の益

三つに「転悪成善《てんあくじょうぜん》の益」とは、『教行信証』「行文類」一乗海釈《いちじょうかいしゃく》に、

「海《かい》」といふは、久遠《くおん》よりこのかた、凡聖所修《ぼんしょうしょしゅ》の雑修雑善《ざっしゅぞうぜん》の川水《せんすい》を転《てん》じ、逆謗闡提恒沙《ぎゃくほうせんだいごうじゃ》無明の海水《かいすい》を転《てん》じて、本願大悲智慧《だいひちえ》真実恒沙万徳《ごうじゃまんどく》の大宝海水《だいほうかいすい》となる。これを海《うみ》のごときに喩《たと》ふるなり。まことに知《し》んぬ、経に説きて「煩悩の氷解《こおりと》けて功徳の水となる」とのたまへるがごとし。

（『註釈版聖典』一九七頁）

とあり、あらゆる川の水が海に流れ入れば、一つの塩味に転じられることや、氷が解ければそのまま水となることに譬《たと》えて、真実信心の行者に与えられた無上功徳は、衆生の悪業《あくごう》煩悩を転じて善とならしめていくはたらきを持っているから、その悪を消し失わずして善とならしめられると

言われるのです。

なお、同じことが『高僧和讃』「曇鸞讃」にも、

無礙《むげ》光《こう》の利益より
威徳広大《いとくこうだい》の信をえて
かならず煩悩のこほりとけ
すなはち菩提のみづとなる

（『註釈版聖典』五八五頁）

等と讃えられています。

④諸仏護念の益

四つに「諸仏護念《しょぶつごねん》の益」とは、『阿弥陀経』に、

なんぢら衆生、まさにこの不可思議の功徳を称讃《しょうさん》したまふ一切《いっさい》諸仏に護念《ごねん》せらるる経《きょう》を信ずべし。

（『註釈版聖典』一二五頁以下）

と、六方《ろっぽう》の諸仏が念仏者（信心の行者）を護念すると説かれ、そのことを善導大師は『観念法門《かんねんぼうもん》』に、

護念経《ごねんぎょう》の意《こころ》は、またもろもろの悪鬼神《あくきじん》をして便《たよ》りを得《え》しめず、また横病《おうびょう》、横死《おうし》、横《おう》に厄難《やくなん》あることなく、一切の災障自然《さいしょうじねん》に消散《しょうさん》す。至心ならざるを除《のぞ》く。これまたこれ現生護念増上《げんしょうごねんぞうじょう》

縁《えん》なり。

（『註釈版聖典七祖篇』六一九頁）

と、現生護念増上縁として詳しく述べられています。なお、ここには『観経』『十往生経《じゅうおうじょうきょう》』『般《はん》舟三昧経《じゅざんまいきょう》』等も挙げて、諸仏の現生護念増上縁が明かされています。

⑤諸仏称讃の益

五つに「諸仏称讃《しょぶつしょうさん》の益」とは、諸仏が念仏の行者を称揚讃嘆《しょうようさんたん》する（ほめたたえる）ことです。『大経』下巻の「往覲偈《おうごんげ》」に、

法を聞きてよく忘《わす》れず、見て敬《うやま》ひ得《え》て大《おお》きに慶《よろこ》ばば、すなはちわが善《よ》き親友《しんぬ》なり。

（『註釈版聖典』四七頁）

と説かれ、また『観経』の付属の文には、

もし念仏するものは、まさに知るべし、この人《ひと》はこれ人中《にんちゅう》の分陀利華《ふんだりけ》なり。観世音菩薩《かんぜおんぼさつ》・大《だい》勢至菩薩《せいしぼさつ》、その勝友《しょうう》となる。

（『註釈版聖典』一一七頁）

と説かれています。

なお、『観経疏』「散善義」には、「分陀利華」を五種の嘉誉《かよ》（ほめことば）として、

もし念仏するものは、すなはちこれ人中の好人《こうにん》なり、人中の妙好人《みょうこうにん》なり、人中の上上人《じょうじょうにん》なり、人中の希有人《けうにん》なり、人中の最勝人《さいしょうにん》なり。

（『註釈版聖典七祖篇』四九九～五〇〇頁）

と讃えられています。

⑥心光常護の益

六つに「心光常護《しんこうじょうご》の益」とは、阿弥陀仏の心光（お慈悲のはたらき）が、念仏を行ずる信者を常に護持するということです。

これは『観経』第九真身観《くしんしんかん》に、

一々《いちいち》の光明《こうみょう》は、あまねく十方世界《じっぽうせかい》を照《て》らし、念仏の衆生を摂取《せっしゅ》して捨《す》てたまはず。

（『註釈版聖典』一〇二頁）

と説かれていることによっています。親鸞聖人はこれを「正信偈」に「摂取の心光、つねに照護《しょうご》したまふ」（『註釈版聖典』二〇四頁）と言われています。

⑦心多歓喜の益

七つに「心多歓喜《しんたかんぎ》の益」とは、『教行信証』「行文類」の行信利益に、

しかれば、真実の行信を獲《う》れば、心《こころ》に歓喜《かんぎ》多《おお》きがゆゑに、これを歓喜地《じ》と名《な》づく。

（『註釈版聖典』一八六頁）

と言われているように、他力真実の念仏を行ずる者は、心に多くの歓喜が与えられるということです。

なお、すでにお話ししましたように、親鸞聖人は真実信心の行者の得る「喜び」について、如来のお育てによって、いま信心を得ているという喜びを表すときには「慶喜《きょうき》」という言葉を用い、往生決定の信を得たことによって、必ず往生できると当来（将来）のことを今から喜ぶ心を表すときには「歓喜」という言葉を用いて、「喜び」の意味を使い分けておられます。

⑧知恩報徳の益

八つに「知恩報徳《ちおんほうとく》の益」とは、阿弥陀如来の広大無辺《こうだいむへん》な本願の救いに遇《あ》い、その恩を知って、徳を報謝《ほうしゃ》する身にならしめられたことを言います。親鸞聖人は『教行信証』「行文類」の、いわゆる「偈前《げぜん》の文」に「正信偈」を述べる意をあらわして、

> ここをもって知恩報徳のために宗師《しゅうし》（曇鸞《どんらん》）の釈（論註《ろんちゅう》・上）を披《ひら》きたるにのたまはく、「それ菩薩は仏に帰《き》す。孝子《こうし》の父母《ぶも》に帰し、忠臣《ちゅうしん》の君后《くんこう》に帰して、動静《どうじょう》おのれにあらず、出没《しゅつもつ》かならず由《ゆえ》あるがごとし。恩《おん》を知《し》りて徳《とく》を報《ほう》ず、理《り》よろしくまづ啓《けい》すべし。
>
> （『註釈版聖典』二〇二頁）

と言われています。

⑨常行大悲の益

九つに「常行大悲《じょうぎょうだいひ》の益」とは、すべての人々を救いたもう如来の大悲を、有縁《うえん》の人々に伝えて

いく身となることを言うのです。親鸞聖人は、本願を信じ念仏を申す者は、我々を救いたもう如来の恩に応《こた》えるために、常に如来の大悲を有縁の人々に伝えよと、と言われています。

⑩入正定聚の益

十に「入正定聚《にゅうしょうじょうじゅ》の益」とは、「南無阿弥陀仏」のみ教えを信受《しんじゅ》する者は、摂取不捨の利益にあづかり、それは正《まさ》しく往生成仏することに決定している位であるから、「正定聚の位に入る」と言われるのです。正定聚についてはすでに詳しくお話ししましたので、ここでは省略させていただきます。

現世祈禱の誡め

なお、現世の利益は、如来よりたまわる信心にこめられた利益であって、私たちが祈《いの》って求めるものではありません。そのことを存覚上人は『持名鈔《じみょうしょう》』末に、

ただし、これはただ念仏の利益の現当《げんとう》をかねたることをあらはすなり。しかりといへども、※まめやかに浄土をもとめ往生をねがはんひとは、この念仏をもつて現世のいのりとはおもふべからず。ただひとすぢに出離生死《しゅつりしょうじ》のために念仏を行ずれば、はからざるに今生《こんじょう》の祈禱《きとう》ともなるなり。これによりて『藁幹喩経《こうかんゆきょう》』といへる経のなかに、信心をもつて菩提をもとむれば

現世の悉地《※しつじ》も成就すべきことをいふとして、ひとつのたとへを説《と》けることあり。「たとへばひとありて、種《たね》をまきて稲《いね》をもとめん。まつたく藁《わら》をのぞまざれども、稲いできぬれば、藁おのづから得《う》るがごとし」といへり。稲を得るものはかならず藁を得るがごとくに、後世《ごせ》をねがへば現世ののぞみもかなふなり。藁を得るものは稲を得《え》ざるがごとくに、現世の福報《ふくほう》をいのるものはかならずしも後生《ごしょう》の善果《ぜんか》をば得ずとなり。（『註釈版聖典』一〇一二～一〇一三頁）

（※まめやかに＝心から。真剣に。悉地＝世俗的な利益）

とあるように、『藁幹喩経』に「稲を得る者は必ず藁を得るが、藁を得る者は稲を得られない」と説かれた「稲と藁」の譬《たと》えをもって、念仏の行者には、願わなくても現世に種々の利益が与えられるけれども、逆に現世の利益を願い求める者は、必ずしも後生の善果は得られないと、現世祈禱を厳しく誡《いまし》めておられるのです。

第十二章　真実証と還相回向

第一節　必至滅度の願・難思議往生

『教行信証』「証文類《しょうもんるい》」のはじめに、

必至滅度《ひっしめつど》の願《がん》

難思議往生《なんじぎおうじょう》

（『註釈版聖典』三〇六頁）

と標挙《ひょうこ》されているように、親鸞聖人は「真実の証」が「必至滅度の願（第十一願）」より回向《えこう》されたものであり、それは「難思議往生」と呼ばれる「真実報土《ほうど》の往生」であると言われています。

ところで、『無量寿経《むりょうじゅきょう》』（大経《だいきょう》）上巻《じょうかん》の第十一願には、

たとひわれ仏《ぶつ》を得《え》たらんに、国中《こくちゅう》の人天《にんでん》、定聚《じょうじゅ》に住《じゅう》し、かならず滅度《めつど》に至《いた》らずは、正覚《しょうがく》を取《と》らじ。

（『註釈版聖典』一七頁）

とあるように、「国中の人天をして正定聚《しょうじょうじゅ》に住せしめて、必ず滅度に至らしめる」と誓われています。したがって第十一願の当分の意は、浄土に往生した者を正定聚に住せしめ、やがて滅度に至らしめるということでした。

しかし、すでにお話ししたように、親鸞聖人は「正定聚」を現生《げんしょう》の利益《りやく》とし、信心の行者《ぎょうじゃ》が現生において仏因円満《ぶついんえんまん》の位《くらい》にあらしめられていることであるとされました。そして第十一願は、現生において正定聚に住した者を、臨終の一念の夕《ゆう》べに大般涅槃《だいはつねはん》（無上涅槃＝滅度）に至らしめると誓われた願であるとご覧になりましたから、「必至滅度の願」と名づけられたのです。

「無上涅槃」の境界《きょうがい》は、人間の思議《しぎ》を完全に超えた不可思議のさとりの境地ですから、このような境地に至る「真実証」、すなわち「真実報土の往生」を、親鸞聖人は「難思議往生」と呼ばれたのです。

第二節　真実証の意義（名義と体）

その「証」ということについて、『教行信証』「行文類《ぎょうもんるい》」に、『無量寿如来会《むりょうじゅにょらいえ》』（上）にのたまはく、「いま如来に対して弘誓《ぐぜい》を発《おこ》せり。まさに無上菩提《むじょうぼだい》の因を証《しょう》（証の字、験《げん》なり）すべし。（後略）」

（『註釈版聖典』一四二頁）

とあるように、「証」の字に註《ちゅう》を施《ほどこ》して、「証」とは「験（はっきりと現れる）」の意であると言われています。

また『教行信証』「信文類《しんもんるい》」の字訓釈《じくんじゃく》には、

「信《しん》」とはすなはちこれ真《しん》なり、実《じつ》なり、誠《じょう》なり、満《まん》なり（中略）審《しん》なり、験《げん》なり、宣《せん》なり、忠《ちゅう》なり。

（『註釈版聖典』二三〇頁）

等と言われているように、親鸞聖人は、審《つまび》らかに明言（審験《しんげん》）された如来の仰《おお》せ（宣）を偽《いつわ》りなく（忠）を受け入れた「行信」という因が、やがてそれにふさわしい果となってはっきりと現われた状態を、「証」という言葉であらわされているのです。

具体的にいえば、「衆生《しゅじょう》を必ず往生成仏《じょうぶつ》せしめる因徳《いんとく》」を持つ本願成就の名号《みょうごう》が衆生に回向され、いま行（称名《しょうみょう》念仏）・信（往生決定《けつじょう》の安堵心《あんどしん》）という「仏因《ぶついん》」となり、それがやがて「仏果《ぶっか》」となって現われることを「証」と言われたのです。つまり本願力回向の四法《しほう》（教・行・信・証）において、「行信」が「仏因」であるのに対すれば、「証」とは「仏果」である、ということを意味していました。

また「証文類」の本文には、「真実証」の体《たい》（ものがら）について、親鸞聖人は、つつしんで真実の証を顕《あらわ》さば、すなはちこれ利他円満《りたえんまん》の妙位《みょうい》、無上涅槃《むじょうねはん》の極果《ごくか》なり。

（『註釈版聖典』三〇七頁）

と言われています。

まず「利他円満の妙位」とは、利他（利他力＝如来の本願力）によって成就せしめられた、自利利他円満の妙覚《みょうがく》の位（仏の位）であるということです。

次に「無上涅槃の極果」とは、この上もない完全な涅槃、すなわち煩悩を寂滅《じゃくめつ》した「無住処《むじゅうしょ》涅槃」と呼ばれるさとりの境界のことであり、これは仏道の究極の果ですから、「極果」と言われたのです。

このように、浄土（真実報土）に往生するとは、阿弥陀仏と同じく自利利他円満の仏にならしめられることであるということから、古来より「弥陀《みだ》同体のさとりを開く」と言っています。

なお、浄土に往生することはそのまま仏になることである、というのを「往生即成仏」と言いますが、これは親鸞聖人独自の教説なのです。

第三節　無住処涅槃

「涅槃」とは「煩悩の炎が吹き消されたやすらぎ」を表す言葉で、あらゆる束縛から解放された状態のことを指していました。言い換《か》えれば、「涅槃」とは「煩悩を滅して、さとりの岸に渡《わた》（度）る」ということですから、「滅度」と意訳されます。

小乗仏教では、お釈迦さま三十五歳の成道《じょうどう》（正覚《しょうがく》）は、すべての煩悩を断ち切ってはいても、なお身体のけがれを残しているということから、これを「有余《うよ》涅槃」と呼びました。そして八十歳の涅槃（入滅《にゅうめつ》）は、肉体などの生存の制約から完全に離れた状態であるということから、これを「無余《むよ》涅槃」と呼び、これを理想とする涅槃としたのです。なお、「無余涅槃」に至る智慧のことを「灰身滅智《けしんめっち》」と言います。

それに対して大乗仏教では、自利利他円満の境地こそ目指すべき最高の境地であると考え、仏道における究極の涅槃を「無住処涅槃」と呼びました。さとりの「智慧」を開いた仏陀《ぶっだ》は、「生死《しょうじ》の世界」にとどまることはなく、かといって、さとりの智慧によりおこされる「慈悲」によって、「涅槃の世界」にとどまることもありません。すなわち、生死煩悩の迷いの世界にも、やすらかなさとりの世界にもとどまらない涅槃という意味で、これを「無住処涅槃」と呼ぶのです。

無住処涅槃
┌智慧あるがゆえに生死に住さず
└慈悲あるがゆえに涅槃に住さず

第四節　還相回向

ところで、『教行信証』「教文類」のはじめには、浄土真宗の教義体系を明かして、往相《おうそう》・還相《げんそう》という二種の回向を挙《あ》げ、その往相回向には、真実の教・行・信・証の四法があると言われ、順次、教・行・信・証についてあらわしていかれました。

その『教行信証』において、還相回向については特別の一巻を設けず、「証文類」に真実証をあらわした後《のち》、それに続いて還相回向があらわされています（『註釈版聖典』三一三頁以下）。

これは、還相とは「証果の悲用《ひゆう》」であり、「大智極《だいちきわ》まって大悲《だいひ》に出《い》づ」という意義をあらわそうとされているからです。すなわち、還相といっても真実証を離れて存在しないことを知らせようとされているのです。

もともと、「往相」「還相」という言葉は『往生論註《ろんちゅう》』（論註）下巻の起観生信《きかんしょうしん》章（『註釈版聖典七祖篇』一〇七頁）において用いられた言葉でした。

『論註』の当分では、「往相回向」とは、『浄土論』に説かれた往生の因行《いんぎょう》としての「五念門《ごねんもん》（五因門《ごいんもん》）」すなわち、①礼拝《らいはい》、②讃嘆《さんだん》、③作願《さがん》、④観察《かんざつ》、⑤回向《えこう》、の第五番目の「回向門」のことであり、「還相回向」とは、五念門行《ぎょう》によって浄土に往生し、その功徳が現れた「五功徳門《ごくどくもん》（五果門《ごかもん》）」すなわち、①近門《ごんもん》、②大会衆門《だいえしゅもん》、③宅門《たくもん》、④屋門《おくもん》、⑤園林遊戯地門《おんりんゆげじもん》、の第五番目の「園林遊戯地門（穢国《えこく》の衆生を自在に救済する）」のことでした。

つまり「往相回向」とは、浄土に往生していく願生行者《がんしょうぎょうじゃ》が他の衆生を教化《きょうけ》し、他の衆生とともに浄土に生まれようとすることで、「願生行者の利他行」を指しています。それに対して「還相回向」とは、浄土に生まれて自利の行を満足した菩薩が、利他教化のために穢土《えど》に還《かえ》り来たって、人々を教化し、浄土に導くという「浄土の菩薩の利他行」のことでした。いずれもその回向の主体は行者なのです。

ところが親鸞聖人はその意味を転換し、回向の主体を阿弥陀仏とし、阿弥陀仏が衆生を救って

「浄土に往生せしめる相」を往相回向と言い、浄土に往生して仏果を成就した者に、「利他教化のはたらきをなさしめること」を還相回向と言われたのです。つまり、「回向」を「阿弥陀仏の利他回向」の意味とされているのです。すなわち阿弥陀仏が往相（五念門全体）を回向し、また還相（五功徳門全体）を回向する、という意味なのです。

この場合、「往相」とは「往生浄土の相状《そうじょう》」ということであり、「還相」とは「還来《げんらい》穢国の相状」ということですが、それにとどまらず、さらに広く「仏果を成就した者が、菩薩のすがたとなって利他行を示現《じげん》する相」という意味で、「従果還因《じゅうかげんいん》（果より因に還る）の相状」という意味にまで広げられています。

こうして、親鸞聖人が「還相回向」という法門を確立されたことによって、浄土真宗の持つ利他性が明確に教義化されたのです。すなわち、大乗仏教で語る「無住処涅槃」という考え方が、往相・還相の二種回向によって明確に浄土真宗の教えの中に体系化され、「浄土真宗は大乗仏教の真髄《しんずい》である」という意義が明らかとなったのです。

〈曇鸞大師と親鸞聖人の往還二回向の違い〉

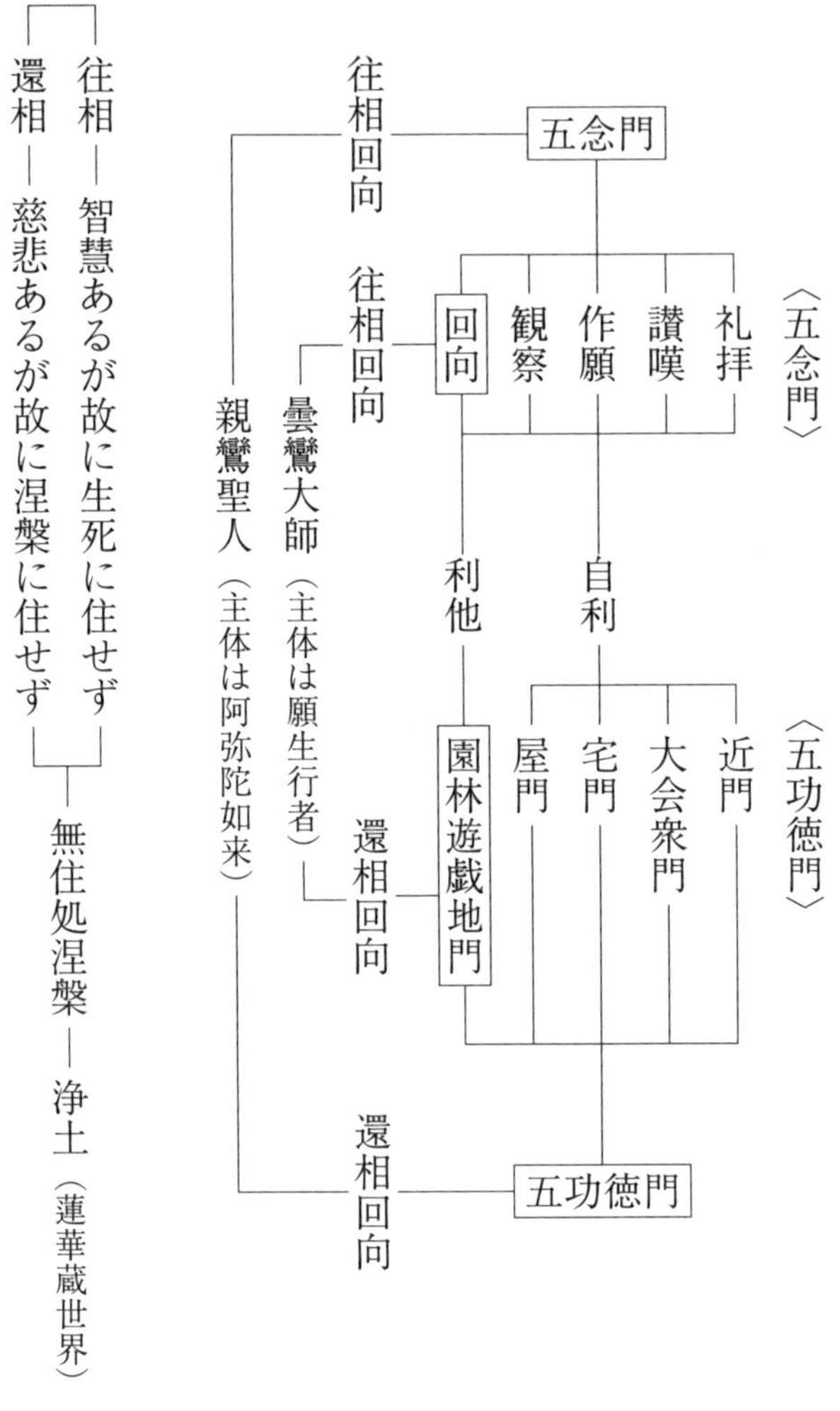

第十三章　浄土真宗の倫理性

第一節　悪人正機説

はじめに

浄土真宗の教えの一つに「悪人正機《あくにんしょうき》」、すなわち「悪人こそが（如来の）正《まさ》しき救いの目当てである」ということがあります。

しかし、仏教一般の考え方によるならば、悪をやめて善をなし、煩悩《ぼんのう》を少しずつ断じてさとりへと向かうことが仏道の原則であるから、「悪人こそが救いの目当てである」という教えは仏教の道理に反している、と厳しく批判されることがあります。

一方、「悪人こそが救いの目当てである」という教えを聞いて、その教えの真意を理解せず、我が心にまかせて、思うがままに悪事をなしてもかまわないと、あえて倫理《りんり》に反する行動をする人が出てくることで、社会的非難を受けることもあります。

どちらも、浄土真宗の「悪人正機説」を誤解したものと言わねばなりません。それでは「悪人正機説」とは、いったいどのような教えなのでしょうか。以下に、そのことについてお話したいと思います。

悪人正機説の伝承とその意義

一般に、「悪人正機説」は親鸞聖人の専売特許《せんばいとっきょ》と考えられていますが、『法然《ほうねん》上人伝記』（醍醐本）第二十七条（『浄土真宗聖典全書』六、七二二頁）に「善人《ぜんにん》尚以《なおもて》往生《おうじょうす》　況《いわんや》　悪人乎事《あくにんをやのこと》。口伝有之《くでんこれあり》」と題した法語があるように、「悪人正機説」はもともと法然聖人が口伝として弟子に語られていたものでした。

「悪人正機説」とは「善人ですら往生するのならば、まして悪人が往生できないことがあろうか」ということであり、善人よりも悪人が往生の正機である、ということを述べられた法語です。「正機」とは「如来の救済の正しき目当てとなっている者」ということで、如来の本願は正しく悪人を救うためのものである、ということをあらわしています。また「正機」に対する言葉は「傍機《ぼうき》」であり、「傍機」とは救済の正しき目当てではなく、救済の目当ての中で傍《かたわ》らに置かれているような者を言います。

ところで、このように如来の救済の対象に「正機」と「傍機」とを立てたのは、遠くさかのぼれば新羅《しらぎ》浄土教の先駆者であった元暁《がんぎょう》（六一七～六八六）が『遊心安楽道《ゆうしんあんらくどう》』に、

浄土宗（往生浄土の教え）の意《い》、本《もと》凡夫《ぼんぶ》の為《ため》にして、兼《か》ねて聖人の為にす。
（『大正大蔵経』四七、一一九頁）

と言われたことに始まります。善導大師《ぜんどうだいし》はその意をさらに進めて、『観経疏《かんぎょうしょ》』「玄義分《げんぎぶん》」に、

しかるに諸仏《しょぶつ》の大悲《だいひ》は苦あるひとにおいてす、心《しん》ひとへに常没《じょうもつ》の衆生《しゅじょう》を愍念《みんねん》したまふ。ここをもつて勧《すす》めて浄土に帰《き》せしむ。また水《みず》に溺《おぼ》れたる人《ひと》のごときは、すみやかにすべからくひとへに救《すく》ふべし、岸上《がんじょう》のひと、なんぞ済《すく》ふを用《もち》ゐるをなさん。（『註釈版聖典七祖篇』三一二頁）

と言われています。

すなわち、如来の大悲の根ざすところは、煩悩業苦《ごうく》の中に沈んで、自らの力をもっては苦悩の生死海《しょうじかい》を逃《のが》れることのできない者に、救いの焦点《しょうてん》が合わされているのです。たとえば、水に溺れている者は一刻も早く救わなければなりませんが、岸に上がっている者を導くことは急ぐ必要がないようなものである、ということです。

善導大師によれば、如来の本願は善・悪、賢《けん》・愚《ぐ》をへだてず、万人《ばんにん》を平等に救おうとおぼしめ

されているから、五乗《ごじょう》（人《にん》・天《てん》・声聞《しょうもん》・縁覚《えんがく》・菩薩《ぼさつ》）等しく願力《がんりき》に乗《じょう》じて往生を得《え》しめられるに違いないけれども、如来が特に哀《あわ》れみ、一刻も早く救おうと目指されているのは、声聞・縁覚・菩薩というような大乗や小乗の聖者ではなく、煩悩具足《ぐそく》の凡夫であると言われるのです。

したがって浄土教においては、救済の「正機」は煩悩具足の凡夫であり、善凡夫をはじめ、大乗や小乗の聖人は救済の「傍機（お相伴《しょうばん》）」である、ということなのです。

親鸞聖人はこれらの釈を承《う》けて、『教行信証』「化身土文類《けしんどもんるい》」本に『観無量寿経』（観経）の文を挙げて、

「汝是凡夫心想羸劣《にょぜぼんぶしんそうるいれつ》」といへり、すなはちこれ悪人往生の機たることを彰《あらわ》すなり。

（『註釈版聖典』三八二頁）

と言われ、また、

「若仏滅後諸衆生等《にゃくぶつめつごしょしゅじょうとう》」といへり、すなはちこれ未来の衆生、往生の正機たることを顕《あらわ》すなり。

（『註釈版聖典』三八二頁）

等と言われているように、『観経』のこれらの文《もん》は、未来世《みらいせ》の悪凡夫が往生の正機であることをあらわしている、とご覧になっているのです。

なお、『愚禿鈔《ぐとくしょう》』上巻《じょうかん》（『註釈版聖典』五一一頁）には「また傍正《ぼうしょう》あり」と言われ、菩薩・縁覚・

声聞等は浄土の傍機であり、人・天等は浄土の正機と言われているように、聖者は傍機、凡夫は正機である、とされています。

要するに、如来の大悲の願心は、悪凡夫を救い取って浄土に往生せしめ、二度と再び悪に染《そ》まることのない仏にしていくというところに焦点がしぼられていることを、「悪人正機」と言うのです。したがって「悪人正機説」とは、如来の大悲心の性格をあらわしたものである、と見なければなりません。

『歎異抄』第三条の文意

このような浄土教の立場を受け継いで、『歎異抄』第三条には、「善人なほもつて往生をとぐ、いはんや悪人をや。しかるを世《よ》のひとつねにいはく、「悪人なほ往生す。いかにいはんや善人をや」。この条《じょう》、一旦そのいはれあるに似《に》たれども、本願他力の意趣《いしゅ》にそむけり。そのゆゑは、自力作善《さぜん》のひとは、ひとへに他力をたのむこころかけたるあひだ、弥陀の本願にあらず。しかれども、自力のこころをひるがへして、他力をたのみたてまつれば、真実報土《しんじつほうど》の往生をとぐるなり。煩悩具足のわれらは、いづれの行《ぎょう》にても生死をはなるることあるべからざるを、あはれみたまひて願《がん》をおこしたまふ本意《ほんい》、悪人成仏《じょうぶつ》のためなれば、他力をたのみたてまつる悪人、もつとも往生の正因《しょういん》なり。よつて善人だにこそ往生すれ、まして悪人はと、仰《おお》せ候《そうら》ひき。

（『註釈版聖典』八三三～八三四頁）

と言われているのです。

すなわち、はじめに「善人なほもつて往生をとぐ。いはんや悪人をや」と言われ、後に「煩悩具足のわれらは、いづれの行にても生死をはなるることあるべからざるを、あはれみたまひて願をおこしたまふ本意、悪人成仏のためなれば」等と言われているのは、如来の本願の本意が、悪人を救い取って悪に染まらない仏とならしめるところにある、ということを明らかに示すためでした。それ故《ゆえ》「善人だにこそ往生すれ、まして悪人はと、仰せ候ひき」と結ばれているのです。

なお、同じ『歎異抄』の第十三条に、

よきこころのおこるも、宿善《しゅくぜん》のもよほすゆゑなり。悪事《あくじ》のおもはれせらるるも、悪業《あくごう》のはからふゆゑなり。

（『註釈版聖典』八四二頁）

と言われ、さらに「さるべき業縁《ごうえん》のもよほさば、いかなるふるまひもすべし」と言われているのも、「悪人正機説」の深い意義を知る上で、とても大切な言葉です。というのは、これらの言葉には、私たち凡夫は、状況次第によっていかなることも行いかねない、愚《おろ》かで危《あや》うい存在である、ということが示されているからです。

本願の「唯除」の文意

ところで、親鸞聖人は『尊号真像銘文《そんごうしんぞうめいもん》』に、本願に説かれた「唯除《ゆいじょ》」の文を釈して、

「唯除五逆誹謗正法《ゆいじょごぎゃくひほうしょうぼう》」といふは、「唯除」といふはただ除《のぞ》くといふことばなり。五逆のつみびとをきらひ誹謗のおもきとがをしらせんとなり。このふたつの罪《つみ》のおもきことをしめして、十方一切《じっぽういっさい》の衆生《しゅじょう》みなもれず往生すべしとしらせんとなり。（『註釈版聖典』六四四頁）

と言われています。十方の衆生を平等に救うと誓われた第十八願にのみ、あえて「唯除」等の語を説かれたのは、悪を嫌《きら》うがゆえに、五逆や謗法《ほうぼう》の罪を造《つく》りかねない人や、すでに造ってしまった人に、その罪の重さを知らせ、回心《えしん》せしめて、浄土に往生せしめ、再び悪に染まらない者たらしめようとする、如来の大悲心をあらわすためだったのです。

このような、悪人を救って仏たらしめようとする如来の願心《がんしん》に喚《よ》び覚《さ》まされる時、厳《きび》しく悪を嫌い、真実の善に向かわしめようとする如来の仏意《ぶつい》を知らされます。そして、一つには、自身の罪業《ざいごう》の深さを知らしめられ慚愧《ざんぎ》する。二つには、このような危うい身を救おうとおぼしめされた、如来の願心のかたじけなさを感佩《かんぱい》する（心から感謝して忘れない）身に育てられるのです。

ここに「悪人正機」という超倫理的な如来の大悲のはたらきが、人々をして悪を慚愧せしめ、真実の善に向かわしめる原動力になっていることがわかるのです。

第二節　真宗倫理の特色

はじめに

「悪人正機」ということが主体的に信体験としてあらわされる時、それはいわゆる二種深信《じんしん》の「機《き》の深信」となります。そしてその信によって、自身が煩悩具足の罪業深重《ざいごうじんじゅう》なる身であることを知らされるのです。

親鸞聖人はそのような自己自身を、『教行信証』「信文類《しんもんるい》」真仏弟子釈の結び（『註釈版聖典』二六六頁）に、「恥《は》づべし傷《いた》むべし」と慚愧されています。このことは、我が身が真実に照らし出されてこそ、自己の恥ずべき、傷むべき罪障《ざいしょう》に気づかされるのである、ということをあらわしています。

もちろん、それは単なる自己への絶望ではなく、そのような罪障の身をお救いくださる絶対無限の如来の大悲、願力を信知《しんち》することに裏づけられたものであり、そこには救われることの安心と慶《よろこ》びがあることは、言うまでもありません。

真実とは（至誠心釈の意義）

　このような自己の罪悪深重性を知らせる真実とは、具体的には阿弥陀仏が法蔵菩薩であった時に行《ぎょう》ぜられた、清らかな自利利他《じりりた》の行徳《ぎょうとく》のことを指していました。いま、その意義についてうかがってみましょう。

　善導大師は『観経疏』「散善義《さんぜんぎ》」至誠心釈《しじょうしんしゃく》に、『観経』に説かれた「至誠心」とは「真実心」であると言い、その「真実心」について、

　一切衆生の身口意業所修《しんくいごうしょしゅ》の解行《げぎょう》、かならずすべからく真実心のうちになすべきことを明かさんと欲す。外《ほか》に賢善精進《けんぜんしょうじん》の相《そう》を現《げん》じ、内《うち》に虚仮《こけ》を懐《いだ》くことを得《え》ざれ。（中略）この雑毒《ぞうどく》の行を回《え》して、かの仏の浄土に生《しょう》ずることを求《もと》めんと欲《ほっ》せば、これかならず不可《ふか》なり。

（『註釈版聖典七祖篇』四五五頁）

とあるように、真実心とは外相《げそう》（身業・口業）と内心《ないしん》（意業）とが合致することであり、外に賢善精進の相を見せていても、内に虚仮を抱いているならば、それは真実とは言えず、そのような行をもって阿弥陀仏の浄土に往生することはできない、と言われています。

　一方、それに続く「散善義」深心《じんしん》釈には、「深心」とは「深く信ずる心」であると言い、その深信に二種があり、一つには、我が身は罪悪生死の凡夫であって、過去・現在・未来にわたり、

生死の苦界を超え離れる可能性は全くないと信知すること（機の深信）であると言われています。

また二つには、阿弥陀仏は「本願力をもって、一切の衆生を必ず救い取る」と仰《おお》せなのだから、疑いなく阿弥陀仏の本願力にまかせれば、必ず浄土に往生させていただけると信知すること（法の深信）である、と言われています。


これらの文の中、機の深信の文によれば、凡夫は真実心を発《おこ》し得ず、浄土に往生することはできない、ということになります。そこで、法然聖人は『和語灯録《わごとうろく》』巻一「往生大要抄《たいようしょう》」に『往《おう》生礼讃《じょうらいさん》』の至誠心釈の文を引き、「必須真実」の語を読み替《か》えて、

まづ『往生礼讃』の文《もん》をいださば、「一には至誠心。いはゆる身業にかのほとけを礼拝《らいはい》せんにも、口業にかのほとけを讃嘆称揚《さんだんしょうよう》せんにも、意業にかのほとけを専念観察《せんねんかんざつ》せんにも、およそ三業《さんごう》をおこすには、かならず真実をもちゐよ。かるがゆへに至誠心となづく」といへり。

（『浄土真宗聖典全書』六、四二一～四二二頁）


と、独特な至誠心の解釈をされました。

なぜなら、善導大師の『往生礼讃』前序には、

二には深心《じんしん》。すなはちこれ真実の信心なり。自身はこれ煩悩を具足する凡夫、善根薄少《ぜんごんはくしょう》にして三界《がい》に流転《るてん》して火宅《かたく》を出《い》でずと信知《しんち》し、いま弥陀《みだ》の本弘誓願《ほんぐぜいがん》は、名号《みょうごう》を称《しょう》すること下《しも》十

声《しょう》・一声等《しょうとう》に至《いた》るに及《およ》ぶまで、さだめて往生を得《う》と信知《しんち》して、すなはち一念《ねん》に至《いた》るまで疑《ぎ》心《しん》あることなし。ゆゑに深心と名《な》づく。

（『註釈版聖典七祖篇』六五四頁）

とあり、ここでは「深心」を「真実信心」と言い、それは「煩悩を具足する凡夫が修する善根は功徳が薄少であって火宅を出でずと信知し、本願の念仏は一声に至るまで必ず往生を得ると信知することである」と言われていたからです。

その意によって、法然聖人は『往生礼讃』の至誠心釈の文を「真実をもちゐよ」と読み、凡夫にとっての「真実」とは、ただ「本願の念仏」のみであると解釈されたのです。そして、もともと天台宗の僧侶でありながら、法然聖人に帰依し、法然聖人の教えを深く理解して、『選択集』の書写を許された数少ない門弟の一人である隆寛律師《りゅうかんりっし》（一一四八～一二二七）は、『具三心義《ぐさんじんぎ》』巻上や『散善義問答《さんぜんぎもんどう》』第三（いずれも平井正戒著『隆寛律師の浄土教附遺文集』に収録されている）に、法然聖人がこのように釈されたのは、本願が真実だからであると言われています。

親鸞聖人はその意を承けて、『教行信証』「信文類」に「散善義」至誠心釈の文を引いて、

一切衆生の身口意業の所修《しょしゅ》の解行《げぎょう》、かならず真実心のうちになしたまへるを須《もち》ゐんことを明かさんと欲《おも》ふ。

（『註釈版聖典』二一六～二一七頁）

と読んでおられます。

また、「散善義」至誠心釈には、

おほよそ施為《せい》・趣求《しゅぐ》したまふところ、またみな真実なるによりてなり。

（『註釈版聖典七祖篇』四五六頁）

とあります。「施為（施《ほどこ》し為《な》す）」とは利他、「趣求（趣《おも》き求《もと》める）」とは自利のことであり、「散善義」の当分の意は、「（阿弥陀仏が法蔵菩薩であった時に修された行は）自利利他ともに真実であったから（凡夫が修する煩悩の雑った善根では往生できない）」ということでした。ところが、親鸞聖人はこの文を「信文類」に引いて、

おほよそ施《ほどこ》したまふところ趣求をなす、またみな真実なり。

（『註釈版聖典』二一七頁）

と読み、「（本願の念仏は）阿弥陀仏が（真実心をもって修され）衆生に施された功徳だから真実である」と解釈されました。

そして、その意が『大経』の文自体からうかがわれることを証明するために、『教行信証』「信文類」の至心《ししん》釈に『大経』上巻の文を引いて、

ここをもつて『大経』（上）にのたまはく、「欲覚《よくかく》・瞋覚《しんかく》・害覚《がいかく》を生《しょう》ぜず。欲想《よくそう》・瞋想《しんそう》・害想《がいそう》を起さず。色《しき》・声《しょう》・香《こう》・味《み》の法《ほう》に着《じゃく》せず。忍力成就《にんりきじょうじゅ》して衆苦《しゅく》を計《はか》らず。少欲知足《しょうよくちそく》にして染《ぜん》・恚《い》・痴《ち》なし。三昧常寂《さんまいじょうじゃく》にして智慧無礙《ちえむげ》なり。虚偽諂曲《こぎてんごく》の心《しん》あることなし。和顔愛語《わげんあいご》に

して、意《こころ》を先《さき》にして承問《じょうもん》す。（中略）大荘厳をもつて衆《しゅ》行《ぎょう》を具足して、もろもろの衆生をして功徳成就せしむ」とのたまへりと。

（『註釈版聖典』二三二頁）

と言われているのです。

こうして親鸞聖人は、「真実」とは法蔵菩薩がなされた自利利他の行徳のことであり、凡夫においては、その真実がおさめられた名号（名告《なの》り）を信受することであるとされたのです。これは、名号のいわれを説いた『大経』の教説に喚び覚まされて、自己の虚偽《きょぎ》と罪障を信知せしめられていることである、ということをあらわしていました。

すなわち、凡夫は如来の真実を知らされる時、はじめて自己が虚偽であることを知ります。逆に自己が虚偽であることを知る者とは、真実なるものに目覚めさせられている者、ということになるのです。

ここに自己の現実を傷《いた》みつつ、限りない真実を慕《した》う心が生まれてくるのですが、ここにこそ浄土真宗の倫理性の基盤があると言わねばなりません。

造悪無礙を誡める

親鸞聖人は晩年、関東で起こった造悪無礙《ぞうあくむげ》の異端《いたん》を誡《いまし》めるために、『親鸞聖人御消息《ごしょうそく》』第四通

に、

としごろ念仏申しあひたまふひとびとのなかにも、ひとへにわがおもふさまなることをのみ申しあはれて候《そうろ》ふひとびとも候《そうら》ひき。いまもさぞ候《そうろ》ふらんとおぼえ候《そうろ》ふ。明法房《みょうほうぼう》などの往生しておはしますも、もとは不可思議《ふかしぎ》のひがごとをおもひなんどしたるこころをもひるがへしなんどしてこそ候《そうら》ひしか。われ往生すべければとて、すまじきことをもし、おもふまじきことをもおもひ、いふまじきことをもいひなどすることはあるべくも候《そうら》はず。

（『註釈版聖典』七四三～七四四頁）

とあるように、悪は思うままにふるまえというようなことは、決して言ってはならないと言われています。

さらに、『親鸞聖人御消息』第二通には、

仏《ぶつ》のちかひをききはじめしより、無明《むみょう》の酔《え》ひもやうやうすこしづつさめ、三毒をもすこしづつ好まずして、阿弥陀仏の薬をつねに好みめす身となりておはしましあうて候ふぞかし。

（『註釈版聖典』七三九頁）

等と言って、本願を信じ、念仏申す者は、如来の智慧《ちえ》と慈悲《じひ》のはたらきによって、自己中心的な妄念《もうねん》、煩悩のあさましさを知らされるが故に、三毒《さんどく》の煩悩を好まず、さとりの世界を好むように育てられていくのが道理である、と言われているのです。

先にも述べたように、凡夫は如来の真実を知らされる時、はじめて自己が虚偽であることを知ります。逆に自己が虚偽であることを知る者とは、真実なるものに目覚めさせられている者、ということになります。こうして、この世のいのちを終わるまで、本願の念仏を申しながら、阿弥陀仏の智慧に導かれ、慈悲に支えられ、自己の現実を傷みつつ、さとりの浄土を目指して生きていくことになるのです。

御同朋・御同行

また、親鸞聖人は『歎異鈔』第六条に「親鸞は弟子《で》一人《いちにん》ももたず候《そうろ》ふ」(『註釈版聖典』八三五頁)と言われ、念仏者をわが弟子として独占するような行動を厳しく誡め、念仏者はすべて如来のお弟子であり、如来の子として同朋《どうぼう》であり同行《どうぎょう》である、と見ておられます。

ここに、親鸞聖人が阿弥陀仏という超越的絶対者に目覚め、阿弥陀仏を念ずるが故に、明確に万人を平等に「如来の子」として受け取られ、お互い同志を兄弟として、すなわち、「御《おん》同朋」「御同行」として見届けられていることがわかります。

『親鸞聖人御消息』第二十五通の「世のなか安穏《あんのん》なれ、仏法ひろまれ」(『註釈版聖典』七八四頁)

というお言葉も、万人が平等に安らかに生きられるような社会を目指されたものであり、そのような社会を実現するためには、万人を兄弟と見るような仏法がなければならない、と考えられていました。

このように、親鸞聖人の倫理観は、単に個人的な慎《つつし》みにとどまらず、積極的に万人が安らかな居場所を得られるような社会の実現を目指されたものだったのです。

おわりに

この書のもととなっている『真宗要論』の講義をしてくださった梯《かけはし》實圓《じつえん》和上について、私と和上との出会い、エピソードなども含めて紹介させていただきます。

梯和上は昭和二年（一九二七）に兵庫県飾磨《しかま》郡夢前《ゆめさき》町（現・姫路市）にお生まれになりました。少年期より秀才の誉《ほま》れ高く、戦後の混乱期でじっくりと勉強する場所がなかったために、大阪府高槻市東五百住《ひがしょすみ》にある行信教校の寮を紹介されて、旧制三高《さんこう》（現・京都大学）に入学するため受験勉強をされていたそうです。行信教校は明治時代に常見寺の利井鮮妙《かがいせんみょう》師が開かれた私塾で、寮に入った者は常見寺のお晨朝《じんじょう》にお参りすることになっていて、そこで初めて仏さまのお話を聞かれることになりました。本を読めば何でもわかるという和上にとって、自分にもわからないことがあると知って受験勉強をやめ、そのまま行信教校に入学されることになったそうです。戦後間もない昭和二十二年のことでした。

昭和二十八年には早くも講師に就任され、以来、行信教校をホームグラウンドとして、多くの僧侶、門信徒をお育てくださいました。行信教校以外にも、龍谷大学講師、本願寺派伝道院講師、浄土真宗教学研究所所長、安居《あんご》本講師などを歴任され、宗門内外にわたって多方面にご活躍くださいました。そのご功績を挙げれば枚挙にいとまがありません。そして、平成二十六年五月七日、惜しまれながら八十八歳をもって往生の素懐《そかい》を遂げられました。

思い返せば、昭和五十五年、私がまだ大学生の頃、行信教校への入学を決意した夏の日、たまたま仏教青年会の早朝奉仕作業で本願寺鹿児島別院に来ていて、その後、お参りしたお晨朝の法話に出講されていた梯和上からお聞かせいただいたご法話によって、私は進むべき方向を決めたのでした。翌年、行信仏教学院（行信教校学院部）入学以来、梯和上には本当に長年にわたって多くのお育てを頂きました。今でも和上にお聞かせいただいたことが耳の底に残っていて、ことあるごとに、お話しくださった言葉が梯和上の笑顔とともに脳裏に浮かびます。いま、よく思い出して味わっているお言葉の一つを紹介させていただこうと思います。こんなお言葉です。

人はよく「仏さまが見えない」ということを言うけれど、それでも仏さまの子は見えているはずだ。仏さまの子が見えないのは、見ようとしないからだ。

たとえ「仏さま」そのものを見ることはできなくても、仏さまのお言葉を素直に聞いて、仏さまのお言葉に導かれて、苦難多き人生を心豊かに生きている人はおられます。つまり「仏さまの子」に出遇《あ》うことはできるのです。ただ、自分の都合でしか人を見ようとしなければ、見えるのは好きか嫌いか、損か得か、役に立つか立たないかといった、自分の都合によって映し出される心の影ばかりであって、「仏さまの子」は見えません。けれども、自分の都合をさしおくことによって「仏さまの子」に出遇うとき、その背後に、その人を育ててくださっている「仏さま」のおはたらきを知らせていただくことはできるのです。

ところで、ふだんの梯和上はとても気さくで、けっして偉そうにされることはなく、こんなこともありました。ある時、滋賀県で梯和上の勉強会があり、本願寺派の教学研究所がある京都から電車でご一緒させていただいた時のことでした。昼食をとる時間がなかったため、梯和上は駅のホームで当時売り出されたばかりの手巻きおにぎりを買ってくださり、電車の中で向かい合わせになって一緒に食べました。梯和上ならではの貴重な体験です。

また、ある部署で長年ご一緒させていただいた先輩から「梯和上の揮毫《きごう》がほしい」と依頼され、梯和上に無理をお願いした時のこと。あらかじめ書道の道具を用意して、書いていただく場所を設け、大きな硯《すずり》で墨をすり、お書きくださるのを横で見ていました。梯和上は一文字書かれるたび画仙紙を下に広げていかれます。そこで私が文鎮を少しずつ下に移動するお手伝いをしていたら、文鎮に墨がついていたのか、文鎮を移動した際に画仙紙を汚してしまいました。私は大変なことをしてしまったと身の縮まる思いでいたら、「こりゃ、あかんな。書き直しや」と、笑いながらまた書き直してくださいました。本当に救われた思いでした。そして依頼された数だけ、最後まで書いてもらうことができたのです。そのうちの一幅は私の大切な宝になっており、時々、床の間に掛けさせてもらっています。

現在はインターネットが普及し、いま梯和上の講演動画もたくさん投稿されています。その中でも梯和上の動画は最も再生回数の多い法話動画だと聞いています。本書には梯和上の講演動画のようなライブ感はないかもしれませんが、一年間かけて講義くださった「真宗要論」の講義録に基《もと》づくものであり、生涯をかけてご研鑽くださった浄土真宗の教学のダイジェスト的な内容になっています。梯和上ならではの卓越したお聖教観を読み取っていただけたら幸いです。しかし、もし本書を読まれ、梯和上だったらこんなふうにおっしゃっていたはずだ、というところがありましたら、ぜひご指摘ください。筆者が浅学非才で未熟者ゆえのことです。謹んで訂正させていただき、いまはお浄土におられる梯和上にお許しをいただきたいと思います。

二〇二三年一一月

藤澤信照

藤澤信照（ふじさわ　しんしょう）

1958年、鹿児島県川内市（現・薩摩川内市）生まれ。1981年、鹿児島大学理学部卒業。その後、行信仏教学院ならびに行信教校を卒業し、滋賀県東近江市の浄土真宗本願寺派浄光寺に入寺。龍谷大学大学院文学研究科修士課程および博士課程修了。現在、浄光寺住職、行信教校講師。
主な著書に、浄光寺報法話集『親によばれて』（響流書房）、『仏教讃歌「本願力のめぐみゆえ」解説と味わい』（浄光寺）、『大きな字で読みやすい浄土真宗やわらか法話２』（共著、本願寺出版社）ほか、『行信学報』などに多くの研究論文を発表。

『教行信証』からひもとく浄土真宗の教え

二〇二四年　六月二五日　初版第一刷発行
二〇二四年一一月三〇日　初版第三刷発行

著　者　藤澤信照
発行者　西村明高
発行所　株式会社　法藏館
京都市下京区正面通烏丸東入
郵便番号　六〇〇-八一五三
電話　〇七五-三四三-〇〇三〇（編集）
〇七五-三四三-五六五六（営業）

装幀者　野田和浩
印刷・製本　中村印刷株式会社

ISBN978-4-8318-8804-4 C0015